Liderando e Gerenciando Inovações

Liderando e Gerenciando Inovações

Liderando e Gerenciando Inovações

O Que Toda Equipe Executiva Tem Que Saber Sobre Gerenciamento de Projetos, Programas e Portfólios

---

Russell D. Archibald
e
Shane C. Archibald

Liderando e Gerenciando Inovações

Editor: Marcus Possi
Diagramação: Marcus Possi
Tradutor: Nino Navarro
Assistente Editorial: Nino Navarro

Ficha Catalográfica

Archibald, Russell e Shane

Liderando e Gerenciando Inovações
O Que Toda Equipe Executiva Tem Que Saber Sobre Gerenciamento de Projetos, Programas e Portfólios

Rio de Janeiro: Editora Ecthos, 2014-12-01

Liderando e Gerenciando Inovações
I – Título

ISBN: 978-85-66491-11-1(e-book) CDD: 620
ISBN: 978-85-66491-10-4 (impresso)

Editora Ecthos.
Rua Levi Miranda, 251, Freguesia JPA
Rio de Janeiro – Brasil – CEP: 22745-250
Tel: (21) 2456-1885
http://www.ecthoscd.com.br
editora@ecthos.com.br

Liderando e Gerenciando Inovações

Louvores a *Inovação em Liderança & Gerenciamento*

Dr. Aaron Shenhar:
"Este livro excepcional fornece uma visão integradora muito necessária sobre gerenciamento de inovações, projetos, programas e portfólios. Ele será útil para qualquer executivo interessado em promover inovação e execução na empresa.

Com base em anos de experiência e escrita, os autores estão transmitindo um amplo entendimento desses conceitos para equipes de executivos de uma forma concisa, juntamente com a importância de alcançar a inovação ou grandes mudanças dentro das empresas.

As demandas executivas listadas no capítulo 7 são únicas na literatura sobre gerenciamento de projeto e, se combinadas com a estratégia corporativa, podem produzir excelência na seleção e execução de projetos inovadores."

> Dr. Aaron Shenhar, membro do PMI, Professor de Gerenciamento no Instituto Stevens de Tecnologia, coautor de Reinventando o Gerenciamento de Projetos: *A Abordagem Diamante ao Crescimento e à Inovação Bem-Sucedidos*.

Marc Zocher:
"Eu acredito que este livro seja muito necessário no que se refere à medida certa para o uso e a compreensão de um executivo, e em um momento oportuno."

> Marc Zocher, Consultor, como Gerente de Projetos recebeu o Prêmio PMI de Projeto Destaque, em 2011, pelo

Projeto G2 Sistema de Informação para o Departamento Americano de Energia da NNSA Iniciativa para Redução da Ameaça Global.

Wayne Abba:
"Este importante livro explica por que os executivos precisam construir, apoiar e manter um processo maduro de gerenciamento de portfólio."

Wayne Abba, Consultor da Abba, conhecido internacionalmente como defensor do gerenciamento de projeto e programa utilizando o Valor Agregado, Conselheiro do Escritório de Contabilidade do Governo Americano (US-GAO)

Bob Prieto:
"Em Inovação em Liderança & Gerenciamento Russ e Shane Archibald descrevem três atributos significativos relacionados à inovação bem-sucedida. Primeiro, é discutida a importância da presença ou, se necessário, a criação de marcos regulatórios.

Em segundo lugar, a importância de fatores sistêmicos para uma inovação bem sucedida é delineada e são discutidas estratégias para se capitalizar na presença desses fatores.

Finamente, é solidamente feito o plano para uma execução impulsionada por projetos, continuamente e acuradamente focada em objetivos estratégicos bem articulados.

Bob Prieto, Sr. Vice Pres., Flour Corp., autor de *Gerenciamento de Programa Estratégico*.

Paul Dinsmore:
"Este livro se concentra na relação simbiótica que existe entre projetos e programas, e nas inovações necessárias às organizações para ganhar quota de mercado e prosperar.

Conforme ressalta o autor, neste livro, redigido e formatado de forma agradável, 'Todas as Inovações Significativas são alcançadas através de Projetos e Programas.' As características especiais da inovação são discutidas e o livro fornece uma profunda descrição dos princípios básicos de gerenciamento de projetos, necessários para assegurar que a inovação seja gerida de forma efetiva e eficiente.

Ele dará ao leitor uma visão geral sólida dos fundamentos e de como esses princípios básicos podem ser aplicados produtivamente nesses tempos cada vez mais desafiadores".

> Paul Dinsmore, Dinsmore Associates, Membro do PMI, coautor de *Governança em Gestão de Projetos*, e autor de outros 19 livros sobre gerenciamento de projetos.

Dr. Martin Barnes:
"Esses dois sabem como organizar e apresentar coisas novas e úteis e mudanças úteis".

> Dr. Martin Barnes OBE; um Fundador, Membro Honorário, e ex-Diretor e Presidente da Associação para Gerenciamento de Projeto (APM) do Reino Unido; e ex-Diretor Executivo da Associação de Grandes Projetos (MPA.).

Liderando e Gerenciando Inovações

Prefácio

As inovações não acontecem do nada. Para torná-las reais, todas as inovações significativas hoje são alcançadas através de projetos e programas.

Executivos em todos os negócios, organizações industriais, governamentais e não governamentais precisam compreender inteiramente as diferenças entre princípios e práticas operacionais e de gerenciamento de projetos para melhor tirarem vantagem do poder do bom gerenciamento de projetos e, assim, conduzir e gerir a inovação dentro de suas empresas.

Este livro procurar satisfazer esta necessidade apresentando descrições concisas de 1) os conceitos-chaves por trás do gerenciamento de projetos e programas, 2) as características importantes de projetos e programas, 3) como elas são melhor controladas e gerenciadas, e 4) como determinar se os benefícios desejados foram realmente alcançados.

Ele também traz o que os executivos podem sensatamente exigir da disciplina de gerenciamento de projetos e dos executivos e gerentes responsáveis por ela dentro de suas organizações.

Nós não tentamos aqui ir a fundo nos detalhes do planejamento, cálculo, programação, relato e controle do projeto. É apresentada uma típica descrição das responsabilidades de um gerente de projetos para um tipo específico de projeto, com o objetivo de transmitir as características integradoras daquele importante papel no gerenciamento de projetos.

Esperamos que este livro forneça às equipes de executivos de todas as formas e tamanhos uma crescente compreensão do que pode (e tem que!) ser feito para desenvolver, melhorar, e sustentar as importantes inovações dentro de suas empresas. É apenas através da inovação que mudanças significativas são feitas e as organizações prosperam *à frente* das demandas dos consumidores. Lidere. Siga. Ou saia do caminho!

Russell D. Archibald e Shane C. Archibald

Liderando e Gerenciando Inovações

Agradecimentos

Os conceitos e ideias apresentadas neste livro refletem a experiência e o conhecimento de muitas pessoas, adquiridos através das últimas seis décadas. Nós não reivindicamos sermos os originadores desses conceitos e ideias.

Em vez disso, nós tentamos observar e descrever com o melhor de nossas habilidades a essência e a importância das práticas eficazes de gerenciamento de projetos, programas e portfólios no mundo industrializado do ponto de vista do executivo.

Não é possível listar os nomes das centenas de colegas, clientes e autoridades de gerenciamento de projetos com os quais temos trabalhado e aprendido nos últimos 65 anos, para Russ, e 20 anos, para Shane. Somos gratos a todos eles e especialmente para aqueles indivíduos específicos que citamos no texto, pelas suas contribuições.

Em particular, queremos transmitir a nossa gratidão a Wayne Abba, Dr. Martin Barnes, Paul Dinsmore, Stanislaw Gasik, David Pells, Bob Prieto, Dr. Aaron Shenlar, Miles Shepard, Max Wideman, e Marc Zocher, por seus conselhos úteis durante a escrita e edição deste livro.

Gostaríamos de agradecer a dedicada atenção de Barbara Archibald na preparação do manuscrito deste livro.

R. D. A.

S. C. A.

Apresentação

Meu primeiro contato com o Russell foi através do seu livro "Managing High Technology Programs and Projects" na década de setenta. Este livro foi um dos maiores marcos na história do GP e me foi extremamente útil. Após isto, estive com ele em Brasília em 2004 e estabelecemos uma parceria para uma pesquisa de maturidade no Brasil. Continuamos parceiros até hoje. Apesar da distância (ele no México e eu no Brasil), neste período tivemos um contato pela internet quase semanal. Trocamos ideias, escrevemos juntos dezenas de papers e fizemos apresentações em congressos. Também escrevemos um livro em parceria. O Russell me deu importantíssimas sugestões que em muito modificaram a maneira como eu via a gestão e, em particular, o Gerenciamento de Projetos. É um grande amigo e tenho por ele uma grande admiração e respeito.

Conheci o Shane em 2006 e também tenho acompanhado sua já muito bem-sucedida trajetória.

Então, tenho certeza de que este livro vai ser mais um marco no mundo do GP e uma importante referência para o público a que se destina: executivos atuando em um cenário de mudanças. Mudanças ocorrem por meio de projetos. O livro foi escrito em uma linguagem de fácil comunicação com seu público e apresenta os conceitos fundamentais para que os executivos possam realmente liderar os projetos em suas organizações se apoiando no uso das boas práticas do gerenciamento de projetos.

Prof. Darci Prado

Liderando e Gerenciando Inovações

Apresentação

Russ traz a essência de uma carreira em gestão de projetos em sua bagagem, em sua disponibilidade para dividir conhecimento e em sua habilidade em conectar com pessoas. Logo após a primeira de suas apresentações no Brasil que assisti, eu me envolvi com sua proposta de pesquisar informações sobre categorização de projetos e algum tempo depois minha empresa foi uma das primeiras a também responder aos questionários de maturidade promovidas por Russel Archibald e Darci Prado.

Tive o prazer de publicar meus primeiros trabalhos com o PMI através de parcerias com Archibald, Fern e Liberzon. Estes três profissionais, que também já dividiram muitas experiências e "papers" juntos, eu os tenho como os pilares da minha formação na área de Gestão de Projetos.

Estou orgulhoso por ter participado dos esforços coletivos de se trazer este livro para o Brasil e tenho certeza de que ele irá se transformar em uma referência importante entre executivos que utilizam a gestão de projetos como catalizador para a mudança e inovação.

Peter Mello
PMP, PMI-SP, SpS

Conteúdos

1
Inovações são realizadas através de projetos

A Importância da inovação

Inovação é o processo que transforma novas ideias em um valor comercial ou de outro tipo. É uma capacidade vital para o comércio, o empreendedorismo, design, tecnologias de todos os tipos, serviços de saúde, engenharia, construção, manufatura, transporte, comunicação, economia, sociologia - e o gerenciamento de projetos.

Inovação significa mudança - algo novo e melhorado - em 1) um negócio ou um processo *criativo,* e/ou 2) no *resultado ou produto de um processo.*

Executivos que olham para o futuro encorajam e querem que seus gerentes sejam inovadores e melhorem continuamente seus processos, produtos e serviços.

A Inovação é:

- ***Vital*** *para todas as organizações* ***Alcançada*** *através de projetos e programas.*

Todos os executivos precisam saber o que há neste livro para:

- ***Dominar*** *e gerenciar as inovações*
- ***Dirigir efetivamente*** *a função de gerenciamento de projetos*

Inovação ou morte! Nesta Era Digital de explosão tecnológica em todas as áreas, qualquer organização humana tem que continuamente inovar para melhorar e mudar tanto os seus produtos e serviços (os motivos pelos quais existem), quanto suas formas de funcionamento - seus processos de negócios.

A inovação constante em ambas as dimensões é necessária para o sucesso contínuo.

Inovação e Sucesso!

Inovação Sistêmica versus Inovação Incremental

A inovação sistêmica difere da inovação incremental, a qual pode ser realizada dentro de um contexto empresarial único ou de um contexto de projeto individual.

Prieto (2011) ressalta que "a inovação sistêmica é aquela forma de inovação que requer 'diversas empresas especializadas para mudar seu processo de maneira coordenada.'[1]

"Exemplos de inovação sistêmica na indústria de construção e engenharia incluem:

- Gestão integrada da cadeia de suprimentos.
- Pré-fabricação de sistemas de construção.
- Ferramentas CAD de construção e desenho em 3D.
- Modelos de Informação de Construção (BIM).
- Iniciativas de Financiamento de Projetos e Parcerias público-privadas.
- Modularização.

Muitas dessas são características de programas extensos e bem sucedidos."

Pietro se refere à inovação sistêmica na maior indústria do mundo, a indústria de construção e engenharia. Nos EUA essa indústria é responsável por 9% do PIB.

A inovação sistêmica também é necessária em grandes multinacionais e agências governamentais.

Em organizações menores a inovação sistêmica também pode produzir resultados úteis, porém é mais provável que a inovação

---

[1] Taylor, John E. and Raymond Levitt, "Modeling Systemic Innovation in Design and Construction Networks," Center for Integrated Facility Engineering;, CIFE Technical Report # 163. Stanford University, October 2005

incremental seja mais frequentemente usada na maioria das situações.

Criatividade e Inovação

A inovação depende obviamente de ideias criativas. Este livro não explora as fontes de novas ideias, mas, pelo contrário, foca em como transformar essas ideias em benefícios desejados.

Inovação significa mudança:
- Em um negócio ou processo.
- No resultado ou produto do processo.

Conforme Michael Ray e Rochelle Myers afirmaram na introdução do seu livro **Criatividade nos Negócios**, de 1989: "Um dos principais problemas das empresas americanas hoje em dia é que há ideias demais, não de menos. Dezenas de soluções aparecem e desaparecem em pilhas caóticas de dados, multidões de opiniões especializadas, e um amontoado de estatísticas contraditórias e relatórios sobre todos os aspectos de todos os assuntos. A pressão do tempo limitado é aumentada pela indecisão e, acima de tudo, pela perturbante suspeita de que os outros acharão seus esforços insuficientes e os resultados fracos."

Todas as Inovações Significativas são Realizadas Através de Projetos

Esperamos persuadir o leitor deste livro de que esta é uma afirmação verdadeira. Quando essa persuasão acontece, fica evidente que todos os executivos de todos os tipos de empreendimento humano precisam conhecer as características dos projetos e como melhor dominar e gerenciar projetos, programas e seus portfólios.

Algumas características notáveis de inovação são:

- O ponto de partida para a inovação é a geração de ideias criativas. A inovação é o processo de levar essas ideias para o mercado ou para a utilidade.

- A inovação afeta a busca e a descoberta, a experimentação, o desenvolvimento, a imitação e a adoção de novos produtos e serviços, novos processos e novos arranjos organizacionais.

- A inovação é a transformação de conhecimento e ideias em um benefício, que pode servir para uso comercial ou para benefício público; o benefício pode ser produtos, processos ou serviços novos ou melhorados.

- Inovação é o processo que transforma novas ideias em um valor comercial.

- Inovação = invenção + aproveitamento

Um Projeto é

Um esforço temporário empreendido para criar um produto, serviço ou resultado exclusivo.

Um Programa é:

Um grupo de projetos relacionados.

A definição geralmente aceita de um projeto é "um esforço temporário empreendido para criar um produto, serviço ou resultado exclusivo"[2]. Programas são "um grupo de projetos relacionados"[3], mas recentemente o conceito de programas transformacionais estratégicos[4] inclui tanto projetos quanto operações (ou outras atividades) ao seu alcance.

---

[2] PMIa 2008 p. 442.

[3] Ibid.

[4] Veja o capítulo 2 para uma discussão mais aprofundada de programas transformacionais estratégicos.

Um projeto é o melhor - talvez o único - método de realizar uma inovação.

A Inovação Estruturada e Bem Gerenciada

A alternativa de simplesmente jogar uma ideia sobre a mesa em uma reunião da equipe para ver se alguém começará a aproveitá-la não servirá para que o trabalho seja feito.

Em todos os casos, a inovação começa com uma ideia gerada por um grupo individual ou às vezes por um pequeno grupo de pessoas em colaboração para resolver um problema, desenvolver um novo produto ou serviço, ou criar e satisfazer a necessidade de um cliente.

Gerenciamento de Projetos em um Nível Básico:

- Usa uma abordagem estruturada.
- Reúne todas as habilidades e recursos necessários.
- Define o Projeto em termos de objetivos, alcance, custo, recursos, e cronograma.
- Entrega os resultados e valores pretendidos.

Transformar essa ideia na realidade de algo novo - um processo, serviço ou produto novo ou melhorado, ou, até mesmo, um empreendimento novo – raramente é, se tanto, o resultado do esforço de uma só pessoa, ainda que uma pessoa conduza o esforço como o gerente do projeto.

Essa transformação requer uma abordagem estruturada para reunir todas as habilidades e outros recursos necessários em uma equipe estruturada e para definir o projeto resultante em termos dos seus objetivos, alcance, custo e outros recursos, e seu cronograma para conclusão.

Isso é gerenciamento de projetos em um nível elementar.

Steve Jobs, o Mouse de Computador e Inovação Através do Gerenciamento de Projetos

Trinta e quatro anos atrás, Steve Jobs apresentou o computador Macintosh com o mouse. Jobs é um grande exemplo de um inovador e de um gerente de projeto eficaz - mesmo que às vezes ele fosse descrito por muitos da sua equipe como tirânico e cruel - e também um gênio.

Às vezes, a inovação envolve múltiplas partes e passos.

- Engelbart teve a ideia.
- A Xerox PARC desenvolveu a ideia.
- Jobs 'terminou o trabalho' com a ajuda de uma firma industrial e uma equipe interna de design.

Na verdade, Jobs era verdadeiramente o Chefe do Escritório de Projetos da Apple/CPO (discutido nos Capítulos 2 e 5).

Entretanto, a inovação transformadora do mouse de computador (com diversas outras inovações introduzidas na Macintosh ao mesmo tempo) não foi inventada por Jobs.

Conforme relatado por Gladwell[5] (2011), Engelbart teve a ideia do mouse, que foi então desenvolvida pela Xerox PARC até um certo ponto, e então a ideia foi posta em prática e vendida por Jobs e pela Apple Computer com a ajuda de uma firma de design industrial e uma equipe de pessoas criativas dentro da Apple.

O desenvolvimento do mouse de computador e a sua introdução no mercado exemplificam a necessidade de um gerenciamento de projetos eficaz quando se fala em implementar uma inovação.

O artigo de 2011 de Gladwell na revista New Yorker é intitulado “A criação de um mito - Xerox PARC, Apple, e a verdade sobre Inovação", e a verdade que ele apresenta é esta: para que se alcance uma inovação significativa, é necessário um projeto com um bom gerente de projetos.

---

[5] O autor bestseller de ***The Tipping Point*** e ***Outliers: the Story of Success.***

O que Todos os Executivos Têm que saber sobre Gerenciamento de Projetos

Este livro fornece ao leitor executivo uma compreensão profunda tanto das características de projetos e programas quanto dos princípios para gerenciá-los eficientemente.

Ele explica claramente e concisamente ao leitor executivo as importantes diferenças entre:

- **Gerenciamento de projetos** comparado ao **gerenciamento de operações** recorrentes,
- **Projetos transformacionais** comparados a **projetos de entrega**, e
- **Organizações impulsionadas por projetos** comparadas a **organizações dependentes de projetos.**

O capítulo 2 resume os conceitos básicos por trás do gerenciamento de projetos e programas.

No capítulo 3 fornecemos uma compreensão necessária sobre a ampla variação nas categorias e características de projetos e programas existentes.

O capítulo 4 discute a capacidade necessária para se gerenciar projetos e programas dentro de portfólios.

O capítulo 5 transmite uma compreensão do valor e da necessidade de se estabelecer Escritório de Gestão de Projetos (PMOs), assim como várias responsabilidades que podem ser atribuídas a esses escritórios.

O capítulo 6 descreve brevemente o coração de um bom gerenciamento de projetos, principalmente os métodos usados para se gerenciar cada projeto individual.

Com base no conhecimento transmitido nesses capítulos, o capítulo 7 fornece aos executivos uma lista do que eles tem que exigir de suas equipes executivas e de gerenciamento com o intuito de alcançar um gerenciamento eficaz de projetos, programas e portfólio dentro de suas empresas.

Os capítulos 8 e 9 fornecem um background útil aos executivos: o capítulo 8 discute o alcance e a medição de maturidade no gerenciamento de projetos e o estudo comparativo das capacidades de suas organizações nessa área em relação aos seus competidores.

O capítulo 9 transmite uma compreensão da importância global hoje da disciplina de gerenciamento de projetos ao redor do mundo. O capítulo 10 fornece um resumo conciso desses nove capítulos.

Nosso objetivo é fornecer aos executivos e gerentes seniores as informações necessárias para que entendam, utilizem e ganhem vantagem competitiva no processo de transformar ideias em inovação real.

"A habilidade de uma nação para construir e sustentar a sua capacidade de inovação depende do desenvolvimento e da manutenção das habilidades de gerenciamento de projetos ..."
Naughton and Kavanagh, 2009

2
A Essência dos Conceitos-Chaves de Gerenciamento de Projetos

Este capítulo apresenta os conceitos-chaves por trás dos princípios e práticas de gerenciamento de projetos, e transmite uma compreensão dos seus objetivos.

As características importantes dos projetos são descritas, e as diferenças entre organizações impulsionadas por projetos e dependentes de projetos são discutidas.

Uma nota sobre terminologia: para evitar o uso repetitivo de "projeto e programa", nós iremos usar de forma geral a palavra "projeto" no restante deste livro, uma vez que os conceitos discutidos são aplicáveis a ambos desses complexos esforços.

As diferenças serão identificadas onde forem importantes.

Operações e Projetos exigem diferentes métodos de gerenciamento.

Papéis integradores, sistemas, e equipes são necessários para o gerenciamento de projetos.

O gerente de projetos tem que apoiar as estratégias aprovadas da organização.

Os projetos e programas podem ser de rotina ou transformacionais.

As organizações podem ser impulsionadas por projetos ou dependentes de projetos.

Gerenciamento de Operações versus Gerenciamento de Projetos

Todas as empresas consistem nessas duas classes de atividade:

Operações que são contínuas e repetitivas, e

- ***Projetos e programas*** que são esforços temporários feitos para criar produtos, serviços ou resultados únicos, ou senão que mudam significativamente a empresa.

Gerenciamento de Projetos vs. Gerenciamento de Operações
- Operações são contínuas e repetitivas.
- Projetos são esforços temporários feitos para criar produtos, serviços ou resultados únicos.
- Programas às vezes combinam projetos e operações.

Programas tradicionais consistem em um grupo de projetos relacionados, enquanto ***programas estratégicos ou de transformação*** geralmente incluem tanto projetos quanto operações contínuas.

Três conceitos fundamentais de Gerenciamento de Projetos

As três características-chaves diferenciadoras do gerenciamento de projetos quando comparado ao gerenciamento de operações contínuas funcionais são:

1. Atribuição de **responsabilidades integradoras** para projetos e programas em muitos níveis,
2. Aplicação de **sistemas de planejamento de projeto integrado e de controle de informação**, e
3. Execução de trabalho exigido por cada projeto por **equipes integradas de pessoas** utilizando fontes

As Três Diferenças-chaves entre Projetos / Programas e Operações:
- Atribuição de Responsabilidades Integradoras.
- Aplicação de Sistemas de Planejamento e Controle.
- Equipes Integradas.

disponíveis e designadas. Cada um desses três conceitos é discutido nos parágrafos seguintes.

Primeiro Conceito

Atribuição de responsabilidades integradoras em seis níveis para gerenciamento de projetos, programa e porfólio:

Seis níveis de Gerenciamento de Projetos Responsabilidades:

1. CEO.
2. Grupo de Direção do Portfólio.
3. Patrocinador Executivo do Projeto.
4. PMO: Escritório de Gestão de Projetos.
5. Gerentes de Projetos.
6. Gerentes Funcionais.

1. **Executivos CEO e de outros níveis de direção** - Ministros e secretários do governo, e Executivo Sênior:
   - Estabelecer e comunicar claramente as estratégias da empresa.
   - Assegurar a existência de processos eficazes de gerenciamento de programas e projetos.
   - Selecionar e priorizar programas e projetos de transformacionais estratégicos.
   - Alocar fontes disponíveis para todos os portfólios de projetos e programas.

2. **Grupo de Direção do Portfólio** (ou comitês de governança do portfólio) para seus portfólios atribuídos:
   - Validar que todos os projetos e programas aprovados sustentem os objetivos estratégicos.
   - Priorizar programas e projetos dentro dos portfólios designados e alocar todos os recursos disponíveis dentro desses portfólios.
   - Inspecionar e regular o desempenho dos programas e projetos.

3. **Patrocinadores executivos de projetos e programas** para os programas e projetos de grande importância designados: "... o patrocínio de projetos é a ligação eficaz entre o corpo executivo sênior da organização e o gerenciamento do projeto. O papel do patrocinador possui responsabilidades de tomada

de decisão, de direção e de representatividade...Os patrocinadores dominam o negócio. O patrocínio de projetos competente é de grande benefício até mesmo para os melhores gerentes de projetos."[6]

Suas responsabilidades incluem, mas não só:

- Fornecer direção estratégica para os seus gerentes/diretores de projeto ou programa designados a resolver conflitos de alto nível ou tomar decisões que estão além do alcance de autoridade dessas pessoas, e.
- Monitorar as mudanças políticas e econômicas dentro do ambiente externo ao projeto ou programa e refletir tais mudanças na direção estratégica dada ao programa ou aos gerentes de projetos.

4. **Gerentes da disciplina de gerenciamento de projetos** (Escritório de Gestão de Projetos (PMOs) ou Escritórios Centrais de Projetos (CPOs) para as suas partes da organização:
   - Desenvolver e melhorar os processos de gerenciamento de programas e projetos, as políticas, os procedimentos, as práticas, e ferramentas para as partes designadas da organização.
   - Fornecer treinamento e direcionamento para gerentes/diretores designados de projetos e programas e membros especializados da equipe de apoio (controles do projeto).
   - Assegurar que o melhor e mais apropriado planejamento de gerenciamento de projeto/programa, cronograma, e sistemas de assistência e informação de staff de reportagem são fornecidos a todos os gerentes de projetos e programas.
   - Outros papéis e responsabilidades que podem ser atribuídos aos PMOs dentro da empresa (ver a discussão no Capítulo 5).

---

[6] APM 2004, Seção 4.2.

Nota: O papel do Diretor de Projetos (CPO) emergiu em algumas organizações conjuntamente com executivos de outros níveis de diretoria[7]; esse papel geralmente inclui a responsabilidade pelo PMO coorporativo.

5. **Gerentes ou diretores de projetos e programas:**
   - Planejamento integrador global, direcionamento do projeto e controle do projeto através de todas as suas fases, para atingir os resultados específicos dentro do prazo e do orçamento.
   - Construir e liderar a equipe do projeto.
   - Avaliar o verdadeiro progresso do projeto e exercer sua autoridade de projeto designada através do fornecimento do direcionamento de projeto a todos os líderes de equipes de projeto funcional. Veja maiores discussões no Capítulo 5 abaixo.

6. **Gerentes funcionais (especialistas)** e seus líderes funcionais de equipes de projetos:
   - Fornecer o pessoal competente necessário, as instalações, os equipamentos e outros recursos, e dar a eles direcionamento funcional e integrador em conformidade com o direcionamento do projeto/programa vindo do gerente do projeto/programa com vistas ao objetivo especificado de resultados, qualidade, cronograma, e orçamento para o seu trabalho funcional designado.
   - Participar ativamente do planejamento, agendamento, monitoramento, e atividades do projeto e do programa em conformidade com os processos e procedimentos de gerenciamento de projetos estabelecidos pela empresa.

---

[7] PMI PM Network, Dec. 2010, pp. 30-31.

Partes Interessadas no Projeto:

- Têm que ser identificadas cedo.
- Sua satisfação determina o quão bem sucedido o projeto será.

Esses papéis e responsabilidades são descritas por inteiro na abundante literatura atual sobre gerenciamento de projetos (veja, por exemplo, Archibald 2003, pp. 82-106 e 201-225). Para os gerentes funcionais e de projetos os aspectos-chaves dessas responsabilidades relacionadas às suas tarefas de projeto designadas dentro de projetos individuais são discutidos com mais detalhe no Capítulo 6.

Partes Interessadas no Projeto: Além das responsabilidades diretas citadas acima, é importante reconhecer que as partes interessadas em qualquer projeto ou programa também incluem todas as pessoas ou agências que são afetadas ou que exercem influência ao longo da condução do projeto ou dos seus resultados.

O sucesso do projeto frequentemente depende tanto das partes interessadas internas e externas quanto daqueles diretamente responsáveis pelo esforço.

Autoridades reguladoras são obviamente partes interessadas importantes em muitos projetos e programas.

Segundo Conceito
A aplicação de práticas, processos, métodos, sistemas de informação e ferramentas relacionadas (controles de projeto) integradoras e predefinidas:

Essas produzem e efetivamente usam as informações necessárias para planejar, agendar, monitorar, relatar e controlar o escopo, riscos, cronogramas, recursos e custos dos projetos, programas e portfólios dos projetos, enquanto integram seus ciclos de vida inteiros do projeto.

Sistemas de Controles do Projeto:
Os sistemas de informação computadorizados hoje são avançados e potentes e exigem um staff bem treinado para serem eficazes.

Historicamente esses eram mais frequentemente baseados em métodos expeditos e deterministas, embora processos iterativos, heurísticos e "ágeis" sejam agora frequentemente empregados ou exigidos, sobretudo para projetos de Software ou de P&D – mas tais processos iterativos ainda possuem um objetivo predefinido e de controle para o projeto inteiro.

Um grande número de sistemas de informação computadorizados, de apoio e de acesso à Internet, está disponível atualmente para ajudar com esses planejamentos, agendamentos, relatos e tarefas de controle, variando de aplicações simples de um único projeto até sistemas de informação de uma empresa inteira. Veja maiores discussões nos Capítulos 4 e 6.

Terceiro Conceito
Designar, construir e direcionar cada equipe do projeto:

A natureza do projeto obviamente determina o pessoal competente e outros recursos que serão necessários para planejar e executar o projeto.

A seleção e a atribuição dos membros das equipes de projeto é geralmente um processo de negociação envolvendo o Patrocinador Executivo do Projeto, os gerentes funcionais (de linha), e o gerente do projeto.

Uma responsabilidade primária do Gerente do Projeto/Programa é construir e liderar uma equipe coesa e multi-disciplinar.

- A natureza do projeto determina os recursos e as habilidades necessárias
- A seleção dos membros das equipes é geralmente um processo de negociação
- O Gerente do Projeto/Programa lidera a equipe ou diretamente ou através dos gerentes funcionais, ou de ambos.

Uma responsabilidade primária de cada gerente de projeto e programa designado é construir uma equipe coesa que seja compreendida de gerentes funcionais multi-disciplinares e especialistas (líderes de equipes de projetos), mais os especialistas de controle do projeto, necessários para planejar, agendar, estimar, executar, e gerir cada projeto e programa.

Essa é uma tarefa delicada e importante; frequentemente membros de equipes chegam de projetos anteriores trazendo suas valiosas opiniões sobre o que funcionou e o que não funcionou nesse último.

Esse exercício de construção da equipe tem que levar em conta a opinião dos novos membros e os artefatos levados adiante, mas tem que estabelecer imediatamente a estrutura de como esse programa ou projeto irá funcionar de modo a atingir a coesão desejada.

O gerente de projeto lidera a equipe e dá a direção do projeto para todos os seus membros, geralmente através de gerentes funcionais que estão fornecendo o pessoal competente necessário.

A direção de projeto usa os sistemas de informação de projeto integrados mencionados mais cedo e focam primariamente em **qual** trabalho precisa ser feito (o escopo do projeto), **quando** tem que ser completado, e **quanto** de trabalho e outros custos estão disponíveis no orçamento do projeto para a sua conclusão. Idealmente, o escopo, orçamento e cronograma do projeto são estabelecidos num acordo entre o gerente de projeto e os gerentes funcionais em apoio ao projeto.

Direção Funcional x Direção do Programa ou Projeto:

- **A direção do projeto/programa** é geralmente dada pelo Gerente de Projeto/Programa
- **A direção funcional** é geralmente dada pelo gerente funcio-

A direção funcional é dada aos membros da equipe do projeto funcional pelo gerente funcional designado. Essa direção consiste em **como** o trabalho deve ser feito; **qual qualidade** e outras especificações se esperam para alcançar os objetivos do projeto, incluindo o seu escopo, cronograma, orçamento, e qualidade dos resultados produzidos; e **quem** será designado para efetivamente fazer o trabalho.

Um projeto não está vivo até que a equipe de projeto seja montada e comece o seu trabalho para planejar e executar as muitas tarefas que tem que ser completadas para alcançar os objetivos do projeto.

O papel primário do gerente de projeto é liderar e motivar a equipe ao longo de toda a vida do projeto.

Esses três princípios básicos sustentam todas as políticas, princípios, e práticas do gerenciamento de projeto.

Em quase todo caso, a evolução da disciplina de gerenciamento de projeto e de gerenciamento de programa dentro de uma organização complexa resulta em uma matriz de projeto/funcional de responsabilidades que pode variar de uma matriz fraca até uma forte, indicando à autoridade do projeto e aos gerentes do programa para darem direcionamento de projeto para os membros das equipes do projeto e do programa que estão fazendo o trabalho.

Se um gerente de projeto ou programa tenta dar direcionamento funcional aos membros da equipe de projeto, mesmo quando ele ou ela são muito habilidosos naquela função em particular, sem o completo envolvimento ou concordância do gerente funcional responsável, sérios conflitos são o resultado.

Os Objetivos do Gerenciamento de Projetos são duplos

1. Para assegurar que cada projeto e programa, quando inicialmente concebidos e autorizados, **sustentam os mais altos objetivos estratégicos aprovados da organização** e contêm riscos aceitáveis em relação aos objetivos do programa ou

projeto: político, competitivo, técnico, de custo e de cronograma.

2. Para planejar, agendar, controlar e liderar cada projeto autorizado - simultaneamente com todos os outros projetos e programas dentro da empresa - efetivamente e eficientemente de modo que **cada um irá alcançar seus objetivos aprovados:** indo de encontro ao seu objetivo estratégico relacionado ao produzir os resultados especificados dentro do cronograma e do orçamento, com a satisfação de todas as partes interessadas afetadas. O primeiro desses grandes objetivos está fortemente ligado ao gerenciamento estratégico da organização.

Os objetivos do Gerenciamento de Projeto & Programa são duplos:

- Para assegurar que cada projeto ou programa apoia as estratégias da organização e contém riscos aceitáveis.
- Para planejar, programar, controlar, e liderar cada projeto efetiva e eficientemente.

A aplicação de práticas de gerenciamento de projetos durante as fases de concepção iniciais estratégicas de planejamento e de projeto foi introduzida em mais organizações nos últimos anos com resultados benéficos.

Muito frequentemente, falhas de projetos podem ser traçadas diretamente a alvos técnicos, de custo ou cronograma originalmente irreais, e análise e gerenciamento de riscos inadequados.

Deveria ser enfatizado que se os projetos certos não forem selecionados em primeira instância, mesmo uma empresa com o melhor planejamento de gerenciamento de projetos, cronograma, e maturidade de execução não será bem sucedida. Planejar e executar os projetos errados, que não atingem os objetivos estratégicos da empresa, pode ser tão arriscado quanto gerir pessimamente os projetos certos.

Projetos Transformacionais Estratégicos x Projetos Tradicionais ou de Rotina

É útil e necessário reconhecer as diferenças entre:

- **Grandes Projetos Transformacionais Estratégicos** dos quais se espera que mudem ou transformem a empresa significativamente e, assim, alcancem sua visão, missão e objetivos estratégicos, e
- **Projetos de "entrega" rotineira, "comercial", de "remanejamento", de "melhoria de processo, serviço, ou produto", "de conformidade"** que geram renda e lucro e reduzem custos, por outro lado, melhoram os serviços ou produtos fornecidos aos clientes ou constituintes da empresa, ou cumprem as leis e regulamentos, dentro da visão e dos objetivos estratégicos estabelecidos pela empresa, sem criar mudanças significativas dentro dela própria.

Transformacional Estratégico x Tradicional ou de Rotina

- Projetos e Programas transformacionais são aqueles cujo objetivo é mudar ou transformar a empresa significativamente.
- Projetos e Programas de rotina são aqueles cujo objetivo é fornecer um produto ou serviço que pode gerar lucro ou cumprir as leis ou as exigências e expectativas das partes interessadas; eles não modificam significativamente a organização.

Tabela 2.1. Diferenças Básicas de Tipos de Projeto.
Fonte: Pfeiffer 2004, p. 5.

Diferenças Básicas de Tipos de Projeto	
Remanejamento Projeto [de Entrega]	**Desenvolvimento Projeto [Transformacional]**
Construção Civil. Instalação de um sistema.	Desenvolvimento de novos produtos. Organização de mudança social.
Avanço medido por produtos. "Produto final" relativamente claro.	Avanço destinado a reduzir incertezas, medido por indicadores.
Graduação geral de Ciclo de Vida.	Vários ciclos de vida possíveis.
Estilo de liderança baseado no comando e controle.	Estilo de liderança focado no aprendizado.

Sistema de informação altamente estruturado.	Sistema de comunicação menos formal.
Organização de Recursos Humanos orientada a tarefas.	Recursos Humanos precisam se adaptar e evoluir de modo a responder a mudanças.
Progresso relativamente linear.	Processos muito dinâmicos.

Pfeiffer (2004) descreve uma abordagem útil para diferenciar o que ele chama de projetos de "remanejamento" e projetos de "desenvolvimento". A tabela 2.1 mostra a sua comparação entre esses dois tipos de projetos.

Programas Transformacionais Estratégicos

Enquanto a definição tradicional de um programa como "um grupo de projetos relacionados" é amplamente usada em muitas indústrias e agências governamentais, nos anos recentes a maioria das autoridades tem observado que o gerenciamento de programas evoluiu em muitas organizações de forma a abranger uma gama mais ampla de atividades com objetivos também mais amplos.

Thiry (2010, p.16) define o gerenciamento de programas como ***"A governança e a gestão harmonizada de uma série de projetos e outras ações para alcançar benefícios de negócios declarados e criar valor para as partes interessadas.".***

Nós preferimos diferenciar isso da definição tradicional, pelo uso da definição de Thiry para se referir a ***programas transformacionais estratégicos***. As "outras ações", em sua definição, são tipicamente de natureza operacional dentro da empresa, e os objetivos mais amplos "**para alcançar benefícios de negócios declarados e criar valor para as partes interessadas**" são predominantemente de natureza estratégica.

Programa tradicional:
Um grupo de projetos relacionados.

Programa transformacional estratégico
Projetos e outras ações que formam uma empresa dentro da empresa.

Essa nova e válida definição nos mostra que um programa transformacional estratégico é verdadeiramente ***uma empresa dentro da empresa-mãe***, enquanto que um projeto típico, com seu escopo e tempo limitados e objetivos e resultados bem definidos, é apenas isto: um projeto.

Pode haver, evidentemente, projetos amplos, grandes, (além de programas estratégicos) que são verdadeiramente estratégicos e transformadores por natureza.

Diversos projetos não costumam fazer um programa estratégico, seguindo este último entendimento do que é um programa transformador de empresas.

Empresas Impulsionadas por Projetos x Empresas Dependentes de Projetos

***Empresas* impulsionadas por projetos**, tais como aquelas de construção e design de instalações, companhias de consultoria, empreiteiras aeroespaciais e de defesa, fornecedoras de sistemas de tecnologia da informação, e outras empresas para as quais os projetos são a principal fonte de suas receitas, podem ser muito maduras na gestão desses projetos de entrega, mas muito menos madura na gestão de programas e projetos transformadores que introduzam grandes mudanças dentro de suas empresas.

Organizações impulsionadas por projetos x organizações dependentes de projetos:

Organizações impulsionadas por projetos:

- Contam com projetos para receitas normais.
- São geralmente maduras na gestão desses projetos "de entrega".
- Podem ser menos maduras na gestão dos programas e projetos transformacionais.

Organizações dependentes de projetos:

- Extraem a maior parte de suas receitas da venda de produtos ou serviços.
- Contam com projetos e gestão de projetos para expansão ou desenvolvimento de novos produtos ou processos.
- Frequentemente empregam organizações impulsionadas por projetos para necessidades específicas.

Empresas dependentes de projetos, incluindo grande parte das agências governamentais no mundo (exceto algumas poucas como a NASA e alguns departamentos de transporte do governo, como exemplos, que são impulsionadas por projetos), os fabricantes e empresas que vendem produtos e serviços estabelecidos, bancos e serviços financeiros, e muitos outros, extraem a maior parte de sua receita da venda de produtos ou serviços, ou da entrega de benefícios aos seus clientes ou constituintes (como para a maioria das organizações governamentais e não -governamentais), e não com a venda de projetos que criam e oferecem novos produtos e serviços.

Os projetos, todavia, são vitais para o crescimento e prosperidade contínuos: para desenvolver novos produtos ou serviços, entrar em novos mercados, expandir suas instalações, e daí por diante.

Programas transformacionais estratégicos e grandes projetos dentro dessas empresas dependentes de projetos muitas vezes incluem a compra sob contrato de projetos de entrega vindos de empresas impulsionadas por projetos.

Origens dos Projetos: A fase de Incubação/Viabilidade[8]

Em quase todos os casos, o modelo "Fase inicial do Projeto" deve começar com uma compreensão razoável do que se espera que sejam os principais objetivos, escopo, cronograma desejado, e ordem da magnitude do custo do projeto, incluindo:

- O que o projeto irá criar (novos produtos, instalações, serviço, sistema de informação, organização, outros resultados de princípios).

---

[8] R. Archibald, I. DiFilippo, D. DiFilippo, "The Six Phase Comprehensive Project Life Cycle Model Includes the Project Incubation Incubação/Feasibility Viabilidade Phase and the Project Post-Completion Phase," 2012.

- Quais benefícios de negócios serão produzidos para a organização que vai pagar pelo projeto, como será detalhado no Plano de Negócios (Business Case) que é produzido durante a Fase Inicial do Projeto.

- A verificação de que o projeto está alinhado com planos e objetivos estratégicos da organização patrocinadora.

- Uma ideia razoável do escopo geral do projeto, juntamente com o seu cronograma e custo esperados, e se pode-se esperar que o dinheiro necessário e outros recursos essenciais estejam disponíveis, como será verificado e detalhado no Termo de Abertura do Projeto, que é produzido durante a Fase Inicial do Projeto.

- Aprovações preliminares ou condicionais que o projeto vai exigir das autoridades governamentais ou de outras agências (ambientais, econômicas, de saúde e outros), bem como qualquer propriedade intelectual e de direitos físicos de acesso que são necessários para o sucesso do projeto.
- Viabilidade geral econômica, tecnológica, política, social[9] e física do projeto, incluindo o nível e a aceitabilidade de vários riscos envolvidos.

Um projeto normalmente não será autorizado para entrar na Fase Inicial do Projeto até que estejam disponíveis informações suficientes, conforme listado acima, e sua viabilidade tenha sido estabelecida.

A pergunta básica aqui é: "**De onde vêm o conhecimento e o entendimento embrionários iniciais sobre o projeto?**"

---

[9] Por exemplo, a viabilidade social de projetar e construir uma usina nuclear em 2013 perto de Fukishimo, no Japão, é próxima a zero.

Essas informações têm que ser acumuladas através de um processo de "armazenamento de informação[10]" (Di Filippo 2011) ao longo de um período de tempo antes de se autorizar qualquer projeto a entrar na Fase Inicial do Projeto padrão, e isso ocorre em todos os casos durante a indefinida, porém sempre presente, **Fase de Incubação/Viabilidade do Projeto.**

Esse armazenamento de informação é similar ao processo de download de um filme: o filme (ou o projeto) não pode começar até que dados e conhecimento suficientes tenham sido obtidos e compilados no local.

A tabela 2.2 indica as fontes comuns do "conhecimento e entendimento embrionários" desses dois tipos de projetos dentro dos dois tipos de organizações descritos acima.

Gerenciamento de Projetos x Gerenciamento Estratégico

Projetos são criados para apoiar os objetivos estratégicos da empresa.
A disciplina de gerenciamento de projetos tem que ser correlacionada com a de gerenciamento estratégico.

Tabela 2.2.
Origens dos dois tipos dentro de organizações impulsionadas por projetos e organizações dependentes de projetos.

Tipo de Projeto → Tipo de Organização:	**Comercial ou Projetos de Entrega**	**Projetos de Desenvolvimento ou Transformacionais**
Organizações impulsionadas	*** O departamento de desenvolvimento de Marketing ou Negócio desenvolve quatro portfólios de projeto:** 1) Relação com o cliente,	***As afirmações abaixo para as Organizações dependentes de projetos também se aplicam aqui**

[10] Nós "armazenamos" e guardamos de forma apropriada as informações sobre o projeto, o seu escopo, resultados e viabilidade, além das restrições cognitivas que existem junto aos membros da equipe do projeto.

por proje-tos	2) Rede de Relacionamento, entrega, e 3) portfólios de ofertas.[11] Eles avaliam as solicitações de propostas-SDPs dos clientes que resultam geralmente de relações duradouras e esforços extensivos do marketing, ou desenvolvem propostas iniciadas internamente. * **As propostas de projeto que obedecem** aos objetivos estratégicos bem estabelecidos e que estão dentro das capacidades conhecidas da organização são preparadas e aprovadas antes da submissão aos clientes. ***A Fase Inicial do Projeto** não é iniciada até que a proposta seja negociada e o contrato assinado entre as duas partes. ***Um Gerente de Projetos de período integral** é geralmente designado apenas na Fase Inicial do Projeto. * **As funções de gerenciamento de Projeto** têm que ser aplicadas na preparação da proposta, mas em geral não é isso que ocorre.	**às organizações impulsionadas por projetos.**

[11] Tikkanen et al 2007.

Organizações dependentes de projetos:	* **Poucos, se tanto**, projetos comerciais/de entrega existem nessas organizações. Se for o caso, os comentários acima se aplicam.	***Ideias para projetos** para uma grande mudança organizacional; aquisições; fusões; ou novos mercados, produtos, processos ou serviços **vêm dos** gerentes estratégicos, desenvolvimento de marketing/negócio, P&D, clientes, consultores ou indivíduos do passado. ***Desenvolvimento da ideia** em **objetivos, escopo do projeto, dentre outros,** ocorrem ao longo de um período anterior à entrada do projeto na Fase Inicial. * Somente quando **o entendimento embrionário do projeto em potencial** foi aprovado é que o projeto entra na Fase Inicial do Projeto.

Vale notar que muitos projetos ou programas transformacionais incluem a compra de projetos de entrega de fornecedores externos que são na realidade empresas ou agências impulsionadas por projetos.

Isso depende da decisão interna sobre "comprar" ou "fazer" os produtos ou resultados para porções selecionadas (sub-projetos) do projeto ou programa transformacional.

Fase de Avaliação Pós-Projeto

Seguindo a Fase padrão atual de Encerramento do Projeto, a Fase de Avaliação Pós-Projeto é exigida para determinar primeiramente e também manter, melhorar e até aperfeiçoar o sucesso final do:

1) Projeto, de um ponto de vista do gerenciamento de projetos.
2) Produtos e resultados do projeto.
3) Todas as perspectivas das partes interessadas, tanto do projeto, quanto de seus resultados, incluindo a rotatividade de pessoas, seja durante o projeto, seja depois da Fase de Encerramento do Projeto, e a subsequente aplicação de lições aprendidas para o uso em projetos futuros.
4) O projeto global e seus produtos a partir da perspectiva de restrição cognitiva.

A avaliação do sucesso e valor do projeto é discutida mais detalhadamente no Capítulo 6.

Uma vez que o gerenciamento de projetos e programas obviamente lida com o tipo de esforço humano que chamamos de projetos e programas, é muito importante que executivos por toda a parte possuam uma boa **compreensão do que são projetos e a ampla gama de resultados que eles produzem.**

O capítulo seguinte busca satisfazer essa necessidade.

3
Categorias e Características de Projetos

Aqui nós descrevemos a necessidade de categorizar sistematicamente os diversos tipos de projetos que existem, discutir alguns dos muitos caminhos possíveis para categorizá-los, e apresentar uma abordagem de categorização de projetos amplamente utilizada que se provou prática por muitas organizações[12].

Projetos e programas em categorias diversas *exibem características e ciclos de vida muito diferentes, e exigem abordagens de gerenciamento também diferentes.*

Um método sistemático *para categorizar projetos e programas é necessário.*

12 categorias provadas de projetos *são discutidas neste capítulo.*

A necessidade de Categorizar Projetos e Programas

Existem diferenças significativas entre os vários projetos dentro do:

- Espectro total de projetos que realmente existem nos mundos de governos, negócios e indústrias, e

[12] Archibald, Russell D., "A Global Systems for Categorizing Projects," **IPMA Project Perspectives 2013.**

- Os menores números de tipos diferentes de projetos que estão sendo planejados e executados dentro de uma entidade ou empresa organizacional.

A experiência prática de muitas décadas em criar e gerir os muitos tipos (ou categorias) de projetos que existem levou ao:

Um tipo ou padrão de gerenciamento de projetos não atende todos os projetos.

- Reconhecimento de que a diversidade inerente às diversas demandas de projetos existentes ou em potencial é segregada de muitas formas por várias razões, para continuar a melhorar as formas pelas quais tanto os compradores (os donos) quanto os vendedores (contratantes ou desenvolvedores) gerenciam projetos específicos.

Princípios e práticas de gerenciamento de projetos são comuns ao longo das categorias de projetos.

- Reconhecimento, definição e compreensão das práticas e princípios do Gerenciamento de Projetos ***comuns a todos (ou pelo menos muitos) projetos*** em todos os tipos de empreendimentos e organizações humanas, conforme documentado pelo conjunto de conhecimento em gerenciamento de projetos e pela sua literatura em geral.

Essas finalidades de categorização servem para:

- Estrategicamente e operacionalmente selecionar, autorizar e priorizar seus projetos.
- Operacionalmente planejar e executar seus projetos:
  - Individualmente,
  - Dentro de programas, e
  - Dentro de portfólios de projetos.
- Educar e treinar os gerentes e especialistas envolvidos nos projetos e em GP.
- Desenvolver e gerir as carreiras dos gerentes e especialistas envolvidos na criação e gerenciamento de projetos,

na disciplina de gerenciamento de projetos, e suas ferramentas informativas.

Métodos de Categorização de Projetos

Métodos de Projeto Categorização

- Tamanho, Complexidade e Familiaridade
- Ciclo de Vida ou Setor
- Tipo de Contrato e Termos de Pagamento
- Observação da categorização de Projeto de fato
- Mais...

Uma série de atributos de projetos que podem ser usados para categorizar ou classificar os projetos foram identificados por Crawford et al (2005), mas até o momento não há um método ou sistema em uso em todas as indústrias e governos. Das muitas possibilidades, nós apresentamos aqui quatro abordagens diferentes que transmitem algumas das importantes características de projetos e programas.

Especialização ou categorização do projeto de fato: hoje, dentro das práticas de GP de grandes e pequenas organizações e dentro de alguns dos conjuntos de conhecimento em gerenciamento de projetos e padrões, nós podemos ver *de fato* a categorização de projetos para vários fins.

A categorização de fato de muitos projetos existe na maioria das organizações.

Muitos praticantes de GP relatam que "a nossa organização não categoriza nossos projetos de qualquer maneira formal." No entanto, a estrutura da sua organização ela própria geralmente cria a categorização *de fato*.

Por exemplo, é comum para uma empresa, ou uma divisão/departamento de uma grande empresa, se dedicar apenas a um hardware (desenvolvimento de um novo produto) e/ou projetos de software, que são nelas próprias importantes categorias de projetos.

As empresas de engenharia/construção de instalações maiores frequentemente criam divisões operacionais dedicadas a subcategorias de projetos tais como usinas, estruturas comerciais, edifícios altos, represas, e de transporte (avenidas, pontes, etc.) Muitas empresas ou agências governamentais se dedicam a apenas uma ou poucas categorias de projetos.
Um movimento em relação ao reconhecimento mais amplo de que um padrão de GP não atende a todos os projetos é demonstrado pela produção de vários padrões nos anos recentes dentro do Instituto de Gerenciamento de Projetos /PMI e em algumas das mais de 50 associações nacionais que são membras da Associação Internacional de Gerenciamento de Projetos/IPMA, conforme discutido no Capítulo 9.

Por exemplo, as cinco principais áreas de aplicação/indústrias de GP, representadas por 395.965 membros (como em dezembro de 2012) da PMI em 120 países são "serviços de computadores/software/processamento de dados/tecnologia da informação, telecomunicações, gestão de negócios e finanças" (*Atualização do Conselho corporativo da PMI* Março de 2003, p.3, a mais recente publicação disponível para essas categorias), ainda que as construções de instalações e indústrias aeroespaciais/de defesa sejam as mais maduras áreas de aplicação de GP na maior parte dos países.

Uma abordagem sistemática para a categorização de projetos fornece melhorias mensuráveis.

Uma abordagem sistemática para projetar a categorização é necessária para que se atinja o sucesso de GP mais eficaz e para acelerar o desenvolvimento e as melhorias da disciplina de GP.

Pesquisas (Veja Crawford et al 2005 e Archibald 2007) mostram que há muitas características e atributos de projetos que podem ser usados, e na verdade estão sendo usados, para categorizar e/ou classificar projetos. Há também muitos fins e usos das várias categorizações.

Categorização estratégia pela quota de mercado e intento estratégico

Um método (Fern 2004) para a categorização de projetos de acordo com a quota de mercado e o intento estratégico combina a bem conhecida teoria da matriz do Grupo de Consultoria Boston (Figura 3.1, relacionando quota de mercado de produtos ou serviços com crescimento de mercado) que diz que produtos são desenvolvidos para se adequarem às exigências de um dos três intentos estratégicos: excelência tecnológica, operacional e intimidade do cliente.

Esse método de categorização de projeto é útil quando se alocam recursos limitados e se priorizam projetos que estão competindo por aqueles recursos comuns, incluindo financiamento, pessoal competente, e instalações e equipamentos especializados.

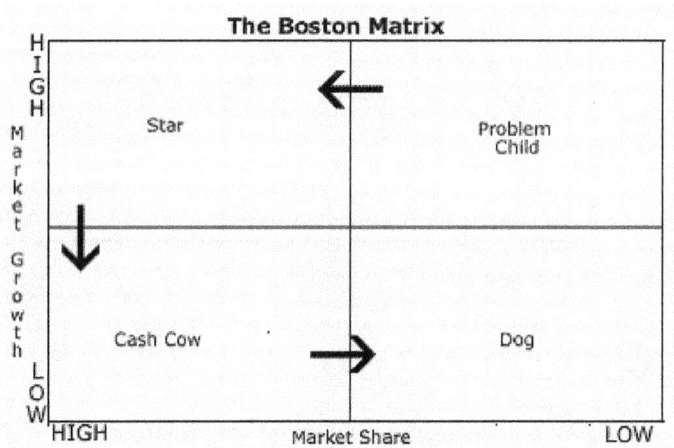

Figura 3.1. A Matriz de Boston

Categorização de projetos por escopo e tecnologia

Shenhar et al (1996) fornecem um excelente exame e discussão acerca dos atributos que podem ser usados para classificar projetos partindo da perspectiva de relações entre escopo do projeto e conteúdo tecnológico e incerteza, conforme mostrado na figura 3.2.

A categorização de projetos dessa maneira pode ser útil para determinar as qualificações e a autoridade designada do gerente ou diretor do projeto (ou programa), e também as ferramentas específicas de gerenciamento de projetos e processos para serem usadas para planejar, estimar, avaliar e gerir riscos, avaliar, relatar e controlar o projeto.

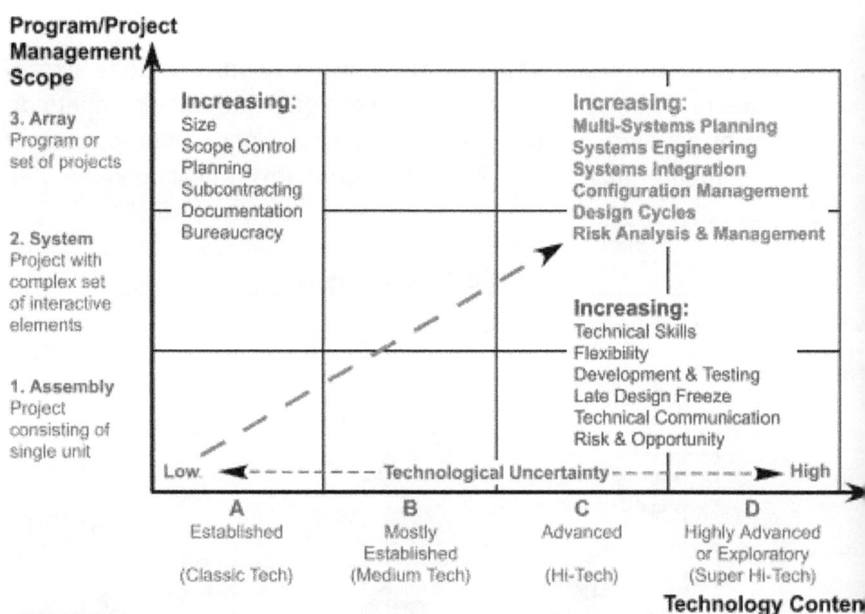

Figura 3.2. Relações entre Escopo do Projeto e Conteúdo Tecnológico e Incerteza.

Fonte: Shenhar et al, 1996. Usado com permissão.

O Modelo Diamante de Projetos para Distinção entre projetos

Shenhar (2012) e Shenhar e Dvir (2007) desenvolveram uma abordagem inovadora e útil para distinguir projetos com seu Modelo Diamante de Projetos. Esse modelo permite que um projeto seja classificado em quatro eixos: complexidade, tecnologia, inovação e ritmo.

A figura 3.3 mostra os quatro atributos que são usados nesse modelo para indicar onde um projeto específico se encaixa.

A figura 3.4 fornece maiores detalhes usados para alocar um projeto específico em cada eixo.

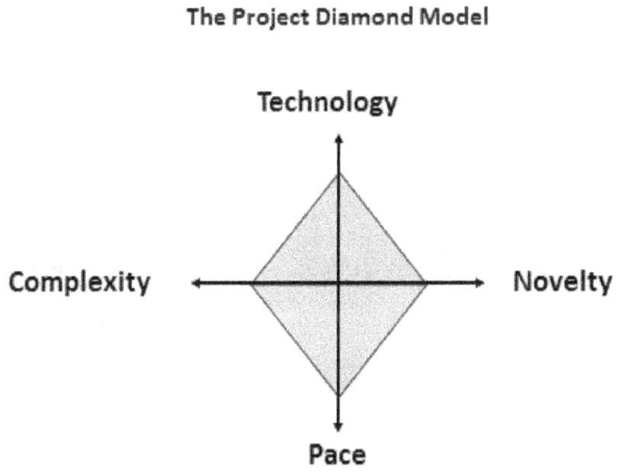

The Project Diamond Model

Technology

Complexity

Novelty

Pace

Figura 3.3. Utilizando o Modelo Diamante de Projetos para distinguir projetos Fon te: Shenhar 2012. Usado com permissão.

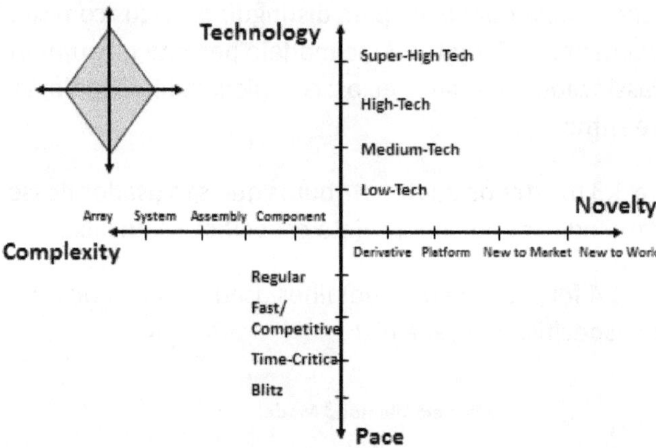

Figura 3.4. Tipos de Projetos dentro do Modelo Diamante de Projetos

Fonte: Shenhar 2012. Usado com permissão.

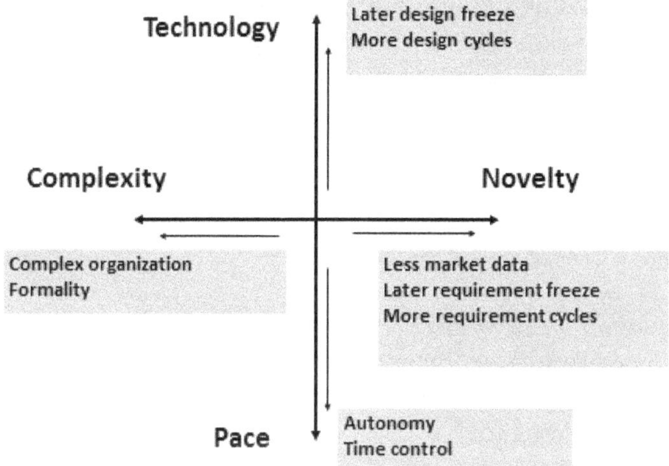

Figura 3.5. O impacto das Dimensões Diamante no Gerenciamento de Projetos.
Fonte: Shenhar 2012. Usado com permissão.

A figura 3.5 ilustra o impacto dessas dimensões nos métodos de gerenciamento de projetos necessários para o projeto em questão. Munidos desse conhecimento, executivos responsáveis podem determinar a melhor abordagem para controlar e gerir o projeto.

Categorizando pelos produtos de um Projeto e/ou Outros Resultados

Das perspectivas de se alcançar o sucesso do projeto e de desenvolver e melhorar as capacidades de gerenciamento de projetos dentro de uma empresa, categorizar projetos pela finalidade do projeto ou resultados provou-se útil, porque o tipo de produto ou serviço determina o tipo de trabalho envolvido e, portanto, as melhores metodologias para gerir o projeto.

A premissa básica é simples: para que um projeto alcance o sucesso, tipos diferentes de trabalho do projeto associados com tipos diferentes de produto precisam ser gerenciados de formas diversas. Um experiente gerente de projetos de engenharia não será com frequência muito bem sucedido gerindo um típico projeto de software de tecnologia da informação. Os métodos e ferramentas de gerenciamento de projetos que são bem sucedidos para instalações de engenharia-aquisições-construção não são muito úteis para algum projeto de desenvolvimento de um novo produto ou tecnologia da informação.

Um método de categorização comprovado baseado primariamente nos resultados finais do projeto é mostrado na tabela 3.1. Subcategorias são mostradas para muitas das doze maiores categorias de projetos.

Para uma discussão acerca dos muito distintos modelos de ciclo de vida de projetos que são usados para as várias categorias nesta tabela, veja Archibald 2003, pp. 40-49.

Em relação à importante Categoria 5 Instalações, mostrada na Tabela 3.1., ainda que as fases de design, aquisições, construção, e delegação desses projetos (que são frequentemente chamados de projetos "capitais" ou investimentos capitais) tenham que ser todas integradas para um gerenciamento de projetos eficaz, as fases de design e construção são frequentemente tratadas como categorias de projetos separadas quando uma empresa desempenha a fase de design de engenharia e outra empresa executa as fases de aquisição, construção e delegação.

Tabela 3.1.
Categorias/sub-categorias de projetos com cada categoria possuindo fases de ciclo de vida de projetos e processos de gerenciamento de projetos similares.
Fonte: Archibald 2013, p 9.

Categorias de Projetos com modelos/processos de gerenciamento de projetos e ciclos de vida similares	**Exemplos**
1. Projetos Aeroespaciais/de Defesa 1.1 Sistemas de Defesa 1.2 Espaço 1.3 Operações Militares	Novo sistema de armas; grande atualização de sistema. Desenvolvimento/lançamento de satélites; modificação de estações espaciais. Invasão da força de tarefa.
2. Projetos de mudança de Organizações e Negócios 2.1 Aquisição/Fusão 2.2 Melhoria do processo de Gerenciamento 2.3 Nova aventura de negócios 2.4 Reestruturação da Organização 2.5 Processo Legal	Aquisição e integração da empresa concorrente. Grande melhoria no gerenciamento de projetos. Formação e lançamento de uma nova empresa. Empresa de redução e divisões consolidadas. Grande caso de litígio.
3. Sistemas de Comunicação Projetos 3.1 Sistemas de Comunicação de Rede 3.2 Sistemas de Comunicação de Comutação	Rede de Comunicação de microondas. 4ª geração de sistema de comunicação wireless.
4. Projetos eventuais 4.1 Eventos internacionais 4.2 Eventos nacionais	Jogos Olímpicos de Verão de 2012; Partida da Copa do Mundo de 2014. Super Bowl dos EUA de 2013; Convenções Políticas dos EUA.
5. Projetos de instalações 5.1 Desativação de instalações 5.2 Demolição de instalações 5.3 Manutenção e modificação de instalações 5.4 Design-aquisições-construção de instalações Civil de Energia Ambiental de alta escala Industrial Comercial Residencial	Fechamento de usinas nucleares. Demolição de prédios altos. Reviravolta do processo de manutenção de usinas. Conversão de usinas para novos produtos/mercados. Represa; cruzamento de avenidas. Usina de geração; tubulação Limpeza de resíduos químicos. Edifício comercial de 40 andares. Nova fábrica. Shopping center; prédio comercial. Nova subdivisão residencial. Navio petroleiro, de carga ou de passageiros.

Navios	
6. Sistemas de Comunicação Projetos (Software)	Novo sistema de informação de gerenciamento de projetos. (Hardware de sistema de informação está na categoria de desenvolvimento de produtos.)
7. Projetos de Desenvolvimento Internacionais 7.1 Desenvolvimento rural/de agricultura 7.2 Educação 7.3 Saúde 7.4 Nutrição 7.5 População 7.6 Empresa de pequeno porte 7.7 Infraestrutura: de energia (petróleo, gás, carvão, geração e distribuição de energia), industrial, telecomunicações, transportes, urbanização, fornecimento de água e esgoto, irrigação).	Projetos de processo intensivo e pessoas em países em desenvolvimento financiados pelo Banco Mundial, bancos de desenvolvimento regionais, a Agência dos Estados Unidos para o Desenvolvimento Internacional (US AID), a Organização das Nações Unidas para o Desenvolvimento Industrial (UNIDO), e agências governamentais; e projetos intensivos de trabalho Capital/Civil - frequentemente diferentes de algum modo de *5 Projetos de instalações,* já que podem incluir, como parte do projeto, a criação de uma entidade organizacional para operar e manter a instalação, e agências de empréstimo impõem seu ciclo de vida do projeto e requisitos.
8. Mídia e Entretenimento Projetos 8.1 Filme 8.2 Segmentos de TV 8.3 Peça ao vivo ou evento musical	Lançamento de filmes. Novo episódio na TV. Nova estreia de ópera.
9. Produtos e Serviços Projetos de Desenvolvimento 9.1 Tecnologia da Informação Hardware 9.2 Industrial produtos/processos 9.3 Consumidor produtos/processos 9.4 Farmacêutico produtos/processos 9.5 Serviço (finanças, outro)	Computador novo Máquina nova de terraplanagem. Carro novo, produto gastronômico novo. Novo remédio para baixar o colesterol. Nova oferta de anuidade/seguro de vida.
10. Projetos de Desenvolvimento e Pesquisa 10.1 Ambiental 10.2 Industrial 10.3 Desenvolvimento Econômico 10.4 Médico 10.5 Científico	Mudanças na camada de ozônio. Como reduzir a emissão de poluentes. Determinar a melhor colheita para a África Subsaariana. Testar novos tratamentos de câncer de mama. Determinar se existe vida em Marte.

11. Projetos da área de Saúde	Grandes procedimentos cirúrgicos.
12. Outras categorias?	Recuperação de desastres, outras.

Classificando projetos dentro de Categorias & Sub-Categorias:

- **Projetos importantes e projetos de menor importância**
  Tamanho (dinheiro, escopo, duração, etc.); relativo ao tamanho e experiência organizacionais
- **Complexidade e risco do Projeto**
  Série de habilidades ou tecnologias diferentes necessárias, geografia/culturas/línguas; riscos podem ser financeiros, tecnológicos, políticos, de tempo, pressão, ou outros
- **Estratégico Transformacional**
  Projetos múltiplos (e programas) que também envolvem diretamente operações contínuas
- **Mega Projetos e Programas**
  Projetos importantes sobre esteroides, geralmente programas importantes ao longo de uma série de anos.

Classificando projetos dentro de categorias e subcategorias: Há geralmente uma ampla gama do tamanho, riscos e complexidade de projetos dentro de cada categoria ou subcategoria de projetos em grandes organizações. O processo de gerenciamento de projetos para cada categoria de projetos tem que fornecer a flexibilidade para escolher o nível apropriado de planejamento e controle para projetos grandes, complexos, de altos riscos e de "novo território" comparados a projetos menores ou "manjados". Portanto, é desejável posteriormente classificar os projetos dentro de categorias ou sub-categorias usando alguns dos atributos identificados por Crawford et al (2005), ou usando algumas das seguintes características classificadoras.

Projetos Importantes e Projetos de Menor Importância dentro de uma Categoria

É útil identificar pelo menos duas classes de projetos dentro de cada categoria. Algumas organizações usam três ou até mesmo quatro classes dentro de uma categoria específica. Para fins de discussão, nós chamaremos aqui de projetos importantes e projetos de menor importância, embora cada organização possa provavelmente definir nomes mais descritivos para a situação deles. A distinção entre essas classes ("importante" e "de menor importância") será notada nas seguintes definições.

Projetos Importantes são aqueles cujo tamanho maior, a grande complexidade e/ou os riscos mais altos exigem:

- Designação de um Executivo Patrocinador do Projeto;
- Atribuição de um Gerente ou Diretor de tempo exclusivo de um Projeto (ou Programa)
- A aplicação completa do processo de gerenciamento de projeto completo, especificada para a categoria particular para projetos importantes (todas as formas, aprovações, planos, cronogramas, reuniões frequentes de revisão do projeto, com níveis substanciais de detalhe em cada).

Projetos de Menor Importância são aqueles cujo tamanho, simplicidade e baixo risco permitem:

- Nenhuma designação formal de um Patrocinador Executivo de Projeto; papel de patrocinador mantido dentro da linha da organização.
- Um gerente de projetos para gerir dois ou mais projetos simultaneamente;
- Menos do que a aplicação inteira do processo de gerenciamento de projetos completo para a categoria de projeto (formas básicas, aprovações, planos, cronogramas, orçamentos, controles, relatórios, reuniões para revisão do projetos menos frequentes, com menor exigência de detalhes em cada.)

Complexidade e Risco do Projeto

A complexidade de um projeto é indicada pela:

- Diversidade inerente aos objetivos e escopo do projeto.

- Uma série de diferentes organizações internas e externas envolvidas, o que geralmente é uma indicação do número de habilidades especializadas necessárias.
- Fontes e complexidade de tecnologia necessárias.
- Fontes de financiamento
- Cliente externo ou interno.
- Grau de envolvimento do cliente no projeto.
- Níveis de risco (econômico, técnico, político, outro).

Projetos e Programas Transformacionais Estratégicos

Conforme discutido antes no Capítulo 2, esses projetos e programas inovadores serão obviamente importantes, complexos, e geralmente com esforços de alto risco de acordo com a aplicação das considerações acima.

"Mega" Projetos e Programas

Além da discussão precedente acerca de programas e projetos dentro de uma empresa há uma classe especial de esforços humanos para a qual foi dado o nome "Mega".

Esses esforços geralmente envolvem empresas públicas e privadas, e também, tipicamente, consórcios de grandes companhias. Dentre os exemplos, inclui-se o Eurotúnel, de Londres a Calais; cada um dos atuais eventos dos Jogos Olímpicos Internacionais; o design, a construção e o comissionamento de enormes complexos industriais com cidades residenciais em áreas do mundo antes inabitadas; e a recuperação após desastres naturais de grandes proporções.

Tais empreendimentos gigantes, que podem durar de 15 a 20 anos em alguns casos, apresentam desafios únicos de governança e gerenciamento e estão além do escopo deste livro.

Para uma autêntica e útil apresentação desse tema, recomendamos o livro **Gerenciamento Estratégico de Programas** (Prieto 2008.**)**

A Major Projects Association foi formada no Reino Unido em 1981 direcionada aos desafios colocados por mega projetos e programas.

"O objetivo da Major Projects Association é melhorar a iniciação e entrega de grandes projetos através da interação dos seus membros de todos os setores ao compartilharem experiências, conhecimento e ideias", segundo o Dr. Martin Barnes CBE, ex-Diretor Executivo da Major Projects Association. Veja www.major-projects.org para maiores informações.

"As inovações têm que ser vista como um investimento, e a forma como ela é medida é diferente dos caminhos tradicionais de investimento.

Projetos de inovação têm que ser avaliados diferentemente de outros tipos de projetos, e as organizações tem que aprender a gerir inovação em paralelo com a principal linha de negócio, utilizando os procedimentos e os indicadores-chaves de desempenho (KPIs).

A maioria dos projetos inovadores será cancelada muito rapidamente se avaliada utilizando-se os mesmos parâmetros de projetos regulares."

Ahi Gvirtsman, Diretor de Inovação do Software HP.

Com essa compreensão da ampla gama de categorias, tamanhos, importância, complexidade e resultados finais de projetos e programas, nós direcionamos nossa atenção no próximo capítulo para **como esses podem ser melhor controlados e gerenciados dentro dos portfólios apropriados.**

4

Gerenciamentos de Portfólio de Projetos

"O gerenciamento de portfólio permite que as organizações apliquem restrições do mundo real - tais como recursos humanos e financeiros e suas tolerâncias a riscos - e identifique aqueles investimentos que retornarão o valor estratégico mais alto, dada a situação atual, sejam eles projetos, programas ou outras iniciativas" - Butler (2010).

Projetos e programas têm que ser gerenciados dentro de portfólios para o uso mais eficaz possível dos recursos.

***A governança** desses portfólios é uma tarefa estratégica.*

***A informação integrada** e a priorização são os principais desafios no gerenciamento de portfólio.*

***Os maiores benefícios** e os ganhos estratégicos são relatados a partir de boas práticas de gerenciamento de portfólios de projetos e programas.*

Conforme as empresas ficam mais maduras na disciplina de gerenciamento de projetos, elas reconhecem que projetos, tal como investimentos, têm que ser gerenciados com base em portfólios.

O gerenciamento de programas é um passo na direção certa, mas um gerenciamento de portfólio de projetos mais formalizado vai além do tradicional gerenciamento de programas. As diferenças-chaves entre gerenciamento de portfólios e gerenciamento de múltiplos projetos são mostradas na tabela 4.1.

Um portfólio de projetos ou programas é um grupo de programas ou projetos relacionado a um objetivo estratégico bem definido.

Tabela 4.1.
Comparação de alto nível de Gerenciamento de Portfólio de Projetos e Gerenciamento de Projetos Múltiplos
(Fonte: Dye and Pennypacker, 2000).

	Gerenciamento de Portfólio de Projetos	**Gerenciamento de Múltiplos Projetos**
Objetivo	Seleção e Priorização de Projetos	Alocação de Recursos
Foco	Estratégico	Tático
Ênfase no Planejamento	Longo e médio prazo (anual/trimestral)	Curto prazo (dia a dia)
Responsabilidade:	Gerenciamento Executivo/Sênior	Gerentes de Projetos/Recursos

Tipos de Portfólios de Projetos

Dentro de uma pequena empresa, pode haver apenas um portfólio de projetos corporativo geral, mas geralmente faz mais sentido definir mais do que um portfólio na estratégia de grandes empresas, para refletir a linha produtiva, divisões geográficas ou tecnológicas, indústria ou mercado.

Nessas empresas maiores, portfólios são definidos e identificados de muitas maneiras.

Em geral, um portfólio de

Gerenciamento de Portfólio (x Gerenciamento de Projetos ou Programas)

- É estratégico por natureza.
- Vai além do tradicional gerenciamento de projetos ou programas.
- Permite que as organizações apliquem restrições e riscos do mundo real.
- Fornece benefícios e ganhos estratégicos maiores.

projetos é um grupo de vários projetos "de entrega" ou "comerciais" que estão relacionados a um objetivo estratégico principal bem definido, conforme ilustrado na Figura 4.1.

Projetos e Programas transformacionais estratégicos podem ser gerenciados dentro de um portfólio ou como esforços independentes, dependendo do seu tamanho e complexidades.

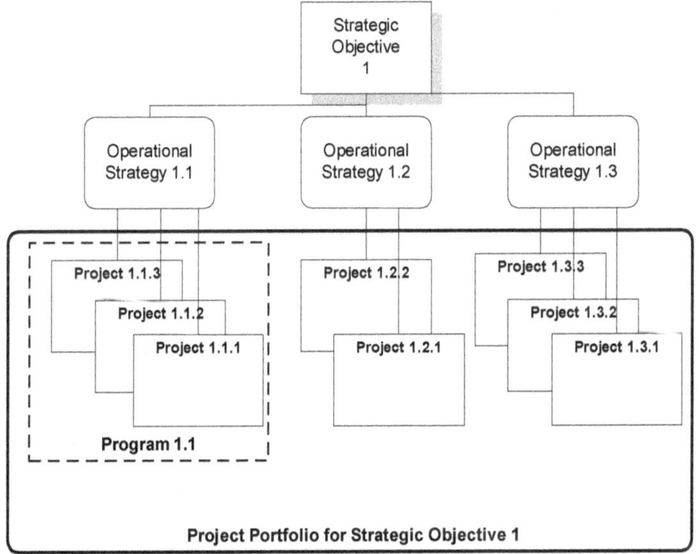

Figura 4.1. Esquema de Estratégias, Projetos, um Programa e um Portfólio de Projetos
Fonte: Archibald 2013, p 13.

Portfólios são geralmente nomeados para indicar a natureza dos objetivos estratégicos que eles buscam atingir. Exemplos genéricos incluem (de Combe e Givens 1999):

- Criação de valor: Produto, serviço ou mercado novo ou melhorado.
- Processo de melhoria operacional: Projetos que tornam a organização mais eficiente e satisfazem um pouco do trabalho funcional fundamental.

- Conformidade: Projetos de máxima urgência exigem a manutenção da conformidade regulatória.

Outros definiram outros tipos de portfólios de projetos que refletem os ambientes industriais e organizacionais específicos que estão envolvidos.[13]

Três tipos de Investimentos de Inovação

De acordo com o professor Clayton M. Christensen[14], de Harvard, "Executivos e investidores podem financiar três tipos de inovações com seu capital", e ele segue adiante para identificar esses três tipos de portfólios:

- **Inovações "potencializadoras"** que criam empregos, porque exigem mais e mais pessoas que possam construir distribuir, vender e fornecer esses produtos. Investimentos potencializadores também usam capital - para expandir a capacidade e financiar ativos e inventários".

- **Inovações "abastecedoras"** que "substituem velhos produtos por novos modelos... Elas mantêm a nossa economia vibrante - e, em dólares, justificam a maioria das inovações. Mas elas possuem um efeito neutro na atividade econômica e no capital."

- **Inovações de "eficiência"** que "reduzem o custo da feitura e da distribuição de produtos e serviços existentes... Feitas em conjunto em uma indústria, tais inovações quase sempre reduzem o número de empregos em rede, porque elas racionalizam os processos. Mas elas também preservam muitos dos empregos restantes – porque,

---

[13] Pellegrinelli 1997; Dye and Pennypacker 1999; United Kingdom Government, **Best Management Portfolio: Management of Portfolios 2002; PMI The Standard for Portfolio Management** 2008.
[14] "A Capitalist's Dilemma, Whoever Wins on Tuesday," The New York Times, Nov. 3, 2012.

sem eles, empresas inteiras desapareceriam em competição contra outras companhias estrangeiras que inovaram mais eficientemente."

Por mais que uma empresa defina seus inovadores portfólios de projetos, ela tem que estabelecer um processo eficaz para gerenciar esses portfólios.

Processo de Gerenciamento de Portfólio de Projetos

Um típico processo de gerenciamento de portfólio de projetos consiste nesses 12 passos (nem sempre nessa exata sequência):

Um Processo de Gerenciamento de Portfólio de Projetos coerente e documentado e um Grupo de Direção do Portfólio são exigências vitais no ambiente competitivo global atual.

1. Definir os portfólios de projetos exigidos.
2. Definir as categorias de projeto que existirão dentro de cada portfólio baseado em um critério uniforme.
3. Identificar e agrupar todos os projetos atuais e propostos dentro das categorias e programas apropriados.
4. Validar todos os projetos com os objetivos estratégicos da organização.
5. Priorizar projetos dentro de programas e portfólios.
6. Desenvolver cada cronograma mestre do portfólio de projetos.
7. Estabelecer e manter um banco de dados e recursos-chaves.
8. Alocar os recursos disponíveis para programas e projetos dentro de cada portfólio.
9. Comparar as necessidades financeiras (primariamente fluxo de dinheiro) com a disponibilidade.
10. Decidir como reagir a déficits de recursos monetários ou outros e aprovar lista de projetos financiados e suas prioridades.

11. Planejar, autorizar e gerir cada programa e projeto e seus riscos, utilizando os sistemas de apoio e ferramentas do processo de GP da organização para cada categoria de projeto. *Essa etapa engloba a prática inteira do que tem sido tradicionalmente pensado como "gerenciamento de projetos."*
12. Periodicamente, repriorizar, realocar recursos e reprogramar todos os programas e projetos conforme requerido dentro de cada portfólio (Archibald 2003, pp 12-14 e 175-177).

Em organizações maduras nas suas capacidades em GP, um *Grupo de Direção do Portfólio do Projeto* (ou *Comitê de Governança do Portfólio)* é responsável por esse processo e por tomar decisões que estão envolvidas no seu uso eficaz, com apoio do Escritório de Gestão Projetos apropriado.

O Poder do Gerenciamento de Portfólio

"O gerenciamento de portfólios de projetos pode ser uma arma potente para assegurar que os investimentos da organização trabalham juntos e entregam verdadeiros resultados do negócio."

O Instituto de Gerenciamento de Projetos/PMI relatou (PMI 2012) estas conclusões de uma pesquisa com 443 gerentes de portfólios globais:

- "Gerenciamento de portfólios de projetos pode ser uma arma potente para assegurar que os investimentos da organização trabalham juntos e entregam verdadeiros resultados do negócio."

"O número de projetos completados a tempo e dentro do orçamento aumentaria aproximadamente um terço com um gerenciamento de portfólio mais eficaz."

Organizações com pouca variação nas suas práticas de gerenciamento de portfólio de projetos veem 64% dos seus projetos irem de encontro ao retorno de investimento esperado - 17 pontos percentuais a mais do que aquelas companhias com alta variabilidade."

- "O estudo também revela potencial para ganhos ainda mais significativos: Os 443 gerentes de portfólios globais entrevistados disseram **que o número de projetos completados a tempo e dentro do orçamento aumentaria aproximadamente um terço com um gerenciamento de portfólio mais eficaz.** Eles também pensaram que o alcance de objetivos e as metas do retorno de investimento veriam ganhos similares."

Guias e Normas publicadas para Gerenciamento de Portfólios de Projetos

As várias associações de profissionais devotados ao gerenciamento de projetos e programas (ver Capítulo 9) e também diversas agências governamentais produziram uma série de guias e normas para vários aspectos do gerenciamento de projetos e programas, incluindo o gerenciamento de portfólio.

As publicações mais amplamente utilizadas em Inglês estão listadas nas Referências ao final deste livro e podem ser baixadas nos links dados lá sob 1) Instituto de Gerenciamento de Projetos (PMI), 2) Associação de Gerenciamento de Projetos (UK), 3) Governo do Reino Unido, e 4) Organização das Normas Internacionais (ISO).

Aplicações de Sistemas de Informação de Gerenciamento de Portfólio de Projetos

Hoje, um dos grandes desafios remanescentes para as empresas que querem alcançar os benefícios completos de um gerenciamento de portfólio de projetos eficaz é adaptar e implementar um sistema de informação verdadeiramente integrado e inteiramente capaz, que forneça informações do planejamento necessário, cronograma, estimativa, contabilidade, avaliação, relatório e risco de gerenciamento que estejam eficientemente integradas com a contabilidade da corporação e os sistemas de informação de gerenciamento de recursos.

Alguns sistemas de informação de gerenciamento de portfólio de projetos mais amplamente utilizados:

"Um dos grandes desafios remanescentes hoje é adotar e implementar um sistema de informação verdadeiramente integrado e inteiramente capaz."

Advanced Management Solutions: Realtime Enterprise

CA Technologies

Compuware Changepoint

Dekker, Ltd: Dekker Trakker

Deltek Integrated Program Management,

HP Project and Portfolio Management Center

IBM Rational Software

Microsoft: MS Project and Project Server

Oracle Primavera P6 Enterprise Project Portfolio Management

Planview Enterprise Portfolio Management

SAP Portfolio and Project Management

Safran North America: Project Management Toolkit

Spider Project

A melhor solução para longo prazo é selecionar um sistema que possua todas as habilidades necessárias tanto no presente quanto no futuro projetado.

A Necessidade de Um Só Sistema Integrado

Em organizações maiores, a habilidade no gerenciamento de projetos frequentemente se desenvolve de forma independente e em várias partes e divisões da empresa ao longo dos anos, criando ilhas de especialização, conhecimento, e experiência.

Com frequência, essas ilhas estão utilizando diferentes sistemas de informação de gerenciamento de projetos e programas, que foram desenvolvidos internamente ou licenciados a partir de diferentes provedores. Isso cria um complicado problema de integração quando o gerenciamento de ponta decide que um sistema de gerenciamento de portfólio de projetos é agora necessário para a corporação total.

Enquanto em muitos casos é tecnicamente possível agregar muitos sistemas diversos em algum nível, a melhor solução em longo prazo é selecionar um sistema que possua todas as habilidades necessárias na situação presente e no futuro projetado da organização.

Esse problema é especialmente peculiar dentro de empresas impulsionadas por projetos, quando muitos clientes importantes exigem que a empresa use um sistema de gerenciamento de projetos específico para se adequar ao sistema que o cliente está usando internamente.

A seleção e implementação de sistemas de informação de portfólios de projetos/programas é um complexo projeto em si mesmo e dele mesmo.

A falta de integração de um sistema inteiro resulta em decisões falhas, causadas por informações desatualizadas, conflitantes e imprecisas e também em gastos desnecessários e elevadas taxas de erro causadas por múltiplas entradas de informação nos diversos sistemas separados.

A seleção e implementação de um sistema de informação de portfólio em uma empresa é um complexo projeto transformacional que exige o uso de práticas de gerenciamento de projetos importantes. A responsabilidade por tal projeto é geralmente dada a um Escritório de Gestão Projetos (PMO) de alto nível; o capítulo seguinte discute os PMOs com alguns detalhes.

O próximo capítulo fornece ao leitor executivo uma compreensão da **necessidade de se fornecer um lar organizacional para a**

disciplina de gerenciamento de projetos, o Escritório de Gestão Projetos, e também um entendimento da gama de opções que são atualmente encontradas na prática em relação **aos papéis e responsabilidades de tais escritórios** em vários setores de negócio, indústria e do governo.

5
Escritórios de Gestão de Projetos (PMOs)

Um marco que reflete a maturidade de uma organização no gerenciamento de projetos (ver Capítulo 8) é o seu estabelecimento de um lar (ou lares) para a função de gerenciamento de projetos - PMOs - em níveis apropriados para executivos seniores adequados.

A existência de tais escritórios sob o comando de um gestor ou diretor de gerenciamento de projetos é um indicador significativo de onde uma organização se coloca em relação a sua habilidade e maturidade nessa importante disciplina de gerenciamento (Archibald, pp.89-90 e 149-156.)

O termo "escritório de projetos/PO' ou 'escritório central de projetos' é às vezes usado para esse escritório de gestão de projetos. É recomendado que o título 'Escritório de Projetos' seja usado apenas para se referir ao Escritório de projetos (ou programas) específico e individual que é o escritório de um gerente de projetos (ou programa).

É necessário estabelecer um PMO base para a função de gerenciamento de projetos.

Existe uma ampla variedade de papéis *& responsabilidades para os PMOs e posicionamentos na organização.*

Problemas grandes *foram encontrados em PMOs impropriamente definidos.*

São obtidos *benefícios impressionantes ao se estabelecer PMOs: Resultados de uma pesquisa com 554 organizações da América do Norte e da União Europeia.*

O PMO possui responsabilidades distintamente mais amplas e diversas do que um escritório do projeto individual.

Escritório de Projetos (PO)

- **Um PO é geralmente a casa de um projeto ou programa específico; é um estabelecimento temporário criado para um projeto ou programa individual.**
- **Um PMO é a casa da Função de Gerenciamento de Projetos; é um estabelecimento permanente e base de conhecimento para o desenvolvimento contínuo e a aplicação das habilidades e inovações do Gerenciamento de Projeto Coorporativo.**
- **Um PMO estabelecido é um indicador significativo da maturidade do gerenciamento de projeto corporativo.**

O Papel do Diretor de Projetos (CPO)

Uma série de organizações elegeu um Diretor de Projetos (CPO).[15] Em geral, essa pessoa exerce uma responsabilidade pela organização do PMO. Uma busca online revelará uma série de resultados pertinentes, incluindo grupos do LinkedIn e sites dedicados a esse tema.

Há uma similaridade entre o cargo de Diretor de Operações (COO), que integra e correlaciona as operações contínuas de uma organização, e o de Diretor de Projetos (CPO), responsável pelos projetos da organização. Steve Jobs era na verdade o Diretor de Projetos (CPO) da Apple durante toda a sua jornada por lá e impulsionou a Apple a ser o que ela é hoje, com a sua direção de projetos.

---

[15] PM network. Vol. 24, no. 12 (Dec. 2010), p. [26]-31.

Implementação e Evolução dos Escritórios de Gestão de Projetos (PMOs)

O desenvolvimento de um Escritório de Gestão de Projetos (PMO) eficaz é normalmente um processo evolutivo na maioria das organizações. Knutson (1999) identificou três variações básicas no papel do Escritório de Gestão de Projetos (PMO), junto com suas responsabilidades primárias:

1. O PMO em um papel de equipe:
    a. Mantedor da metodologia.
    b. Orientador/treinador.
    c. Bibliotecário.
    d. Fonte de história.
    e. Triagem da fase de revisão dos relatórios.
2. O PMO em um papel administrativo na empresa:
    a. Relator multi-projetos.
    b. Coodenador que define as prioridades.
    c. Rastreador de recursos.
    d. Administrador.
    e. Monitor
    f. Controlador de mudanças.
3. O PMO em em um papel de linha; todos acima, mais:
    a. Gerente de Projetos.
    b. Líder.

Termos alternativos para PMOs

A atual literatura sobre gerenciamento de projetos descreve uma ampla gama de termos alternativos para PMOs em vários níveis de uma organização. Um PMO pode ser designado para ir de encontro às necessidades de corporação ou empresa inteira, uma unidade de negócio, uma divisão de operações, um portfólio de projetos, ou um programa multi-projetos.

O escopo e os serviços organizacionais a serem desempenhados para a organização pelo PMO podem variar enormemente conforme indicado pelas seguintes alternativas possíveis.

Extensão do potente escopo organizacional do PMO:

- Inteira corporação/empresa.
- Unidade/Operação de Negócio
  Divisão.
- Linha de produto.
- Portfólio do Projeto.
- Programas multi-projetos.
- Projetos individuais (substituição ou sobreposição de escritórios de projetos individuais existentes).

Variação de potentes responsabilidades de PMO:

- Design, desenvolvimento, implementação, operação e contínua melhoria do sistema de gerenciamento do projeto em toda a empresa e seus processos, sistemas e ferramentas:
  - O processo de gerenciamento do portfólio do projeto.
  - Para cada categoria de projetos na organização, o processo de gerenciamento ciclo de vida do projeto/PLCMS e os aplicativos do software no suporte do PLCMS e o sistema de gerenciamento do projeto de alcance em toda a empresa.
- Adquirir, disseminar e aplicar o conhecimento de gerenciamento do projeto (O Centro de Excelência GP):
  - Identificar as melhores práticas de GP e afins dentro do setor industrial, governamental ou outro, da organização.
  - Capturar, documentar, arquivar, restaurar e promulgar as experiências, boas e ruins, de gerenciamento de projetos, dentro da organização, para uso com o contínuo esforço de melhorias.
  - Disseminar essa informação em toda a organização de maneiras práticas e úteis para todas as pessoas afetadas.

    - Assegurar que as informações e o conhecimento disponíveis estão sendo, de fato, aplicados apropriadamente dentro da organização.
- Fornecer treinamento e doutrinação de gerenciamento de projetos:
    - Elaborar e entregar, em estreita cooperação e através dos departamentos de treinamento apropriados, o treinamento e a doutrinação de gerentes e especialistas necessários para implementar adequadamente os processos, sistemas e ferramentas de GP da organização.
    - Avaliar e recomendar o uso de recursos de treinamento externos em GP, conforme o caso.
- Fornecer orientação e consultoria interna de gerenciamento de projetos:
    - Conduzir avaliações de riscos dos projetos conforme solicitado, utilizando a análise de risco e a abordagem de gerenciamento mais apropriadas para a situação.
    - Fornecer assistência de proposta conforme exigido para assegurar que os aspectos de gerenciamento de projetos das propostas estão adequadamente atendidos.
    - Fornecer assistência facilitadora/consultora para workshops de planejamento para início de projetos (veja Archibald 2003, pp. 280-300.)
    - Conduzir auditorias de desempenho de projetos de projetos ativos conforme solicitado, para identificar oportunidades para melhoria e recomendar ações corretivas.
    - Fornecer orientação, treinamento e consultoria no trabalho, para gerentes de projetos e programas e especialistas em programas conforme exigido em todos os aspectos do gerenciamento de projetos, incluindo a operação e o uso de aplicativos de software de gerenciamento de projetos.

- Desenvolver e abastecer os gerentes de projetos e os especialistas em GP:
    - Desenvolver e supervisionar a administração de planos de carreira em gerenciamento de projetos para gerentes de projetos e especialistas em planejamento e controle de projetos.
    - Estabelecer através dos departamentos de recursos humanos apropriados procedimentos de revisão de salário e desempenho para gerentes de projetos e programas e especialistas em GP.
    - Estabelecer designações dentro do PMO que forneçam experiência útil para especialistas em gerenciamento de projetos e gerentes de projetos não designados ou em potencial para prepará-los para a sua designação a cargos com maiores responsabilidades.
- Fornecer apoio direto para projetos ou programas individuais:
    - Fornecer apoio administrativo para gerentes de projetos e programas ativos.
    - Fornecer apoio especializado para gerentes de projetos ativos em gerenciamento de risco, planejamento de projetos, estimativa de recursos, controle de projetos, reportagem, análise de variação, rastreamento de problemas, e outras áreas conforme necessário.
- Estabelecer e operar um centro de controle de projetos com ilustrações gráficas e ajuda e equipamentos áudio/visuais para uso na condução de reuniões para revisão de projetos com cada equipe do projeto.

Os PMOs têm que evoluir nas responsabilidades na maioria das organizações conforme a maturidade de GP aumenta.

- Não é recomendável que uma organização tente estabelecer um PMO da noite para o dia, com todas essas responsabilidades em potencial. Um plano lógico bastante evolutivo tem que ser estabelecido de modo que construa na situação existente e em uma série de etapas ou fases as responsabilidades do PMO, conforme o seu sucesso é demonstrado através do desempenho até o momento.

Problemas e Armadilhas com PMOs

Falhas de PMOs: Nem toda tentativa de estabelecimento de um PMO tem sido bem sucedida ao longo dos anos. Na verdade, muitos PMOs foram estabelecidos, floresceram por um tempo, e então desapareceram.

A questão fundamental é a de centralização versus descentralização, somada à tentação que muitos profissionais possuem de 'construir um império. '

Essa questão pode ser tratada ao se olhar a variação de responsabilidades de um PMO que foi listada anteriormente. Algumas delas, possuindo relação com os processos, métodos, sistemas e ferramentas gerais para a organização inteira, deveriam ser centralizadas.

Outras, primariamente aquelas que lidam com o controle e planejamento de programas e projetos individuais e as relações relatadas dos muitos gerentes de projetos e programas, não são tão claras.

Desafios do PMO:
- Centralização versus Descentralização.
- Resistência funcional e percepções de perda de poder e/ou influência.
- Propriedade e controle de serviços de apoio.
- Vigilância de gerenciamento e autoridade dos Gerentes de Projetos.
- Tentação para "construir um império".

O apoio de controles de projetos deveria ser controlado por cada grande gerente de projetos. Um princípio que é importante de se reconhecer é que o planejamento de projetos e os serviços de apoio e controle para um grande gerente de projetos ou programas deveria ser diretamente controlado por tal gerente.

Especialmente em projetos maiores, que exigem o apoio integral de especialistas, essas pessoas devem informar diretamente ao gerente de projetos (ou programas).

Tentativas de centralizar esses serviços de apoio e simplesmente distribuir as informações para os vários gerentes de projetos geralmente não são muito bem sucedidas, por diversas razões.

O conhecimento detalhado do cronograma, orçamento, gastos, e prognósticos relacionados, é a força vital do projeto e crucial para todo gerente de projetos.

Ter essa informação sendo produzida inteiramente por uma equipe centralizada independente, que conhece os problemas que revela até mesmo antes do gerente de projetos estar ciente deles, não é aceitável para um gerente de projetos experiente.

O resultado frequentemente será que ele ou ela desenvolverá o seu próprio conjunto de planos e cronogramas, que usarão para gerir o projeto, criando, portanto, muita duplicação de esforço e confusão em vários relatórios de gerenciamento que estão circulando.

Os gerentes de projetos deveriam se reportar ao gerente do PMO? A questão se alguns ou todos os gerentes de projetos deveriam se reportar ao gerente de gerenciamento de projetos no PMO também é complicada.

Se todos os gerentes de projetos assim relatarem, resultará no cargo de gerente de gerenciamento de projetos se tornando extremamente poderoso - e, portanto, um alvo fácil a ser atingido por rivais políticos na organização.

Dependendo do nível de relato do PMO e seu escopo organizacional, pode ser muito mais eficaz possuir gerentes de projetos individuais reportando-se a vários executivos de linha. O gerente de gerenciamento de projetos (ou um PMO) pode ainda exercer sua autoridade de equipe na disciplina de gerenciamento de projetos sobre todos os gerentes de projetos, mas não possuiria uma autoridade diária sobre todos os projetos.

Evite construir um império: Se a pessoa a quem o emprego de gerente de gerenciamento de projetos foi dado, enxerga a designação como uma oportunidade para construir um império do PMO, e tenta capitalizar o interesse do gerenciamento de projetos dessa maneira, sem considerar todas as ramificações de longo prazo e respeitar o cargo e a autoridade dos gerentes de projetos e programas envolvidos, então o PMO provavelmente não irá durar por muito tempo.

Isso geralmente tem um impacto maior na organização uma vez que a necessidade para o PMO pode existir, mas o retrocesso do pensamento de "lembrar-se de que nós tentamos isso" pode durar por muito tempo no futuro. Por essa razão, a cuidadosa seleção do líder do PMO certo é tão importante quanto qualquer outra decisão do nível de direção que uma organização tome.

Assegurando o Sucesso da Implementação do PMO

Recomendações para o sucesso: McMahon e Busse (2001) listaram três recomendações para assegurar o sucesso de implementação de um PMO:

- **Coloque-o no topo:** É crucial que o PMO seja colocado no nível operacional mais alto ou reportado a um comitê diretivo no nível operacional mais alto.
- **Construa raízes profundas:** A importância de construir coalizões, a colocação de nível empresarial do PMO e a

Garantindo uma Implementação bem sucedida do PMO

- Coloque-o no topo.
- Construa raízes profundas.
- Comunique.
- Demonstre valor.
- Guarde e dissemine os resultados de lições aprendidas em workshops.
- Construa profissionalismo de Gerenciamento de Projetos.

educação pessoal recorrente, tudo contribui para a construção de raízes organizacionais profundas, que não podem ser extraídas por uma mudança de pessoal, não importa o nível.

- **Comunique:** Estabeleça um plano de comunicação para a organização inteira, com vistas aos benefícios de um PMO.
- **Demostre Valor Agregado:** Implemente relatórios de fácil leitura, distribuídos para a empresa inteira via intranet ou e-mail, que descreva os sucessos e demonstre os benefícios de se aprender a partir dos erros.
- **Sessões de Lições aprendidas:** Na conclusão de cada projeto, ministrar uma sessão de lições aprendidas, aberta a todos os níveis de participantes, e construir um depósito de gerenciamento de conhecimento.
- **Construa profissionalismo de Gerenciamento de Projetos:** Trate o papel do gerente de projetos como um papel profissional, desenvolva um treinamento formal de equipe, encoraje afiliações e certificação profissional.

Esses autores listam uma série de outras ações que continuarão a construir profissionalismo em gerentes de projetos e na equipe especialista de projetos.

Resultados da Pesquisa PMO:

- A maioria das equipes entrevistadas possui um PMO.
- A definição do papel do PMO é o maior desafio.
- Capacidade do PMO ampliada aumenta o valor fornecido, reduzindo, portanto, a resistência.
- Os membros da equipe do PMO são altamente experientes.
- Mais da metade daqueles entrevistados possuem programas de treinamento padrão em conformidade.

A declaração do PMO 2012

O relatório da pesquisa 2012 sobre PMOs, conduzida pela empresa de consultoria em GP PM Solutions (veja referências para o link a fim de baixar suas descobertas), é baseado em dados de 554 entrevistados.

Eles representavam organizações cujas sedes corporativas estavam 70% na América do Norte, 12% na União Europeia e o restante nos países em todo o resto do mundo.

Essas organizações eram de uma grande variedade de indústrias e governos e incluíram um saldo de pequenas, médias e grandes empresas, com 10% de agências governamentais.

O relatório PM Solutions 2012 afirma, entre outros achados, que:

- A maioria (87%) das empresas tem um PMO (acima de 40% em 2000), e 40 % daquelas que não planejam implementar um no próximo ano. O maior crescimento é nas pequenas empresas: 73% têm agora PMOs em comparação com 48% em 2010.
- Definir formalmente o papel do PMO é o maior desafio.
- Quanto maior for a capacidade do PMO, maior é o valor que o PMO contribui para a empresa. O valor não é mais seriamente questionado, embora as empresas menores sejam mais propensas a questionar o valor.
- Membros da equipe do PMO são altamente experientes, com uma média de 10 anos em GP; 40% são Profissionais de Gerenciamento de Projetos (PMPs) pelo PMI.
- Mais de 50% dos PMOs possuem programas de treinamento no local. Para os executivos que são responsáveis pela função de GP dentro de suas organizações, recomendamos obter e ler este relatório informativo.

O próximo capítulo fornece um resumo dos assuntos-chaves relacionados ao gerenciamento de projetos individuais, que irá **fornecer ao leitor executivo uma perspectiva geral** necessária para dar uma direção ampla para as pessoas que estão gerenciando em ambos os níveis de PMO e de projeto ou programa individual.

6
Gerenciando Projetos Individuais

A habilidade fundamental de GP dentro de uma empresa reside no nível do projeto individual, e sua eficácia é uma combinação de dois fatores principais:

- A autoridade, habilidade e capacidade individuais, conhecimento e liderança da equipe de projetos do gerente de projetos; e
- a capacidade dos 'controles do projeto' de definir, planejar, estimar, e controlar os objetivos, escopo, custo, cronograma, riscos, trabalho, e outros recursos necessários do projeto.

Esses dois fatores **dependem de pessoas que possuem diferentes habilidades:** primeiramente, aquelas necessárias ao gerente de projetos, e em segundo, as habilidades dos controles do projeto.

O sucesso de um projeto depende da *autoridade e habilidade do Gerente de Projetos mais a habilidade e capacidade dos Controles do Projeto.*

A função dos Controles do Projeto requer *o conhecimento adequado e o uso de sistemas de informação de GP integrados.*

A abordagem de gerenciamento de projetos direcionado ao sucesso *é descrita como um exemplo típico de um planejamento e controle de projeto eficazes.*

Embora muitos gerentes de projeto e programa bem sucedidos comecem suas carreiras de GP na área de controles do projeto, eles tiveram que desenvolver diferentes habilidades para se tornarem gerentes de projeto eficazes.

A eficácia do gerenciamento de projetos depende da:

- Autoridade, habilidade, capacidade, conhecimento e habilidades de liderança do gerente de projetos.
- Da habilidade e capacidade dos Controles do Projeto para definir, planejar, estimar, e controlar os objetivos, escopo, custo, cronograma, riscos, trabalho e outros recursos do projeto.

Certamente, um bom gerente de projetos tem que entender e usar inteiramente as habilidades dos controles do projeto dentro da sua organização, e a função dos controles do projeto (que geralmente reside em um PMO) precisa entender que eles apoiam inteiramente o gerente de projetos e são vitais para alcançar o sucesso.

O Gerente de Projetos

Simplificando, iremos focar aqui no gerente de projetos, reconhecendo que um gerente de programas tradicional estará tipicamente dirigindo dois ou mais gerentes de projetos e pode também ter maiores responsabilidades, como dito no Cap. 2.

O gerente ou diretor de um grande programa transformacional estratégico de uma empresa terá deveres mais amplos, semelhantes àqueles de um CEO para "uma empresa dentro da empresa". Nosso debate irá focar aqui em um projeto grande, que necessita de um gerente de projetos de dedicação exclusiva.

Gerentes de projeto integram os esforços de todos os contribui dores (a equipe do projeto) para os seus projetos individuais.

A direção do projeto dada pelo gerente de projetos a esses membros da equipe consiste **naquilo** que tem que ser feito (escopo do trabalho), e **quando** tem que ser feito, em acordo conjunto com os gerentes funcionais responsáveis, assim como **quanto** de tempo, dinheiro e outros recursos serão necessários para cada tarefa funcional.

Essa direção do projeto é dada através dos gerentes funcionais responsáveis ou dos líderes de equipe funcionais designados para o projeto em particular. Gerentes Funcionais dão **direção funcional** para os seus líderes de equipe do projeto consistindo em **como** o trabalho deve ser realizado (disciplina técnica), **o quão bem** deverá ser feito (qualidade e conformidade com as especificações), e **quem** fará o trabalho em tarefas ou pacotes de trabalho específicos (designação de recursos individuais.)

A delineação e o entendimento eficazes desses princípios são a chave para fazer com que a organização da matriz do projeto seja um sucesso.

A responsabilidade do gerente de projetos pode ser definida em detalhes muito maiores com referência específica às áreas de planejamento, programação do cronograma, negociação, comunicação, avaliação, liderança, controle, tomada de decisão e prestação de contas.

O apêndice A fornece um exemplo dos deveres e responsabilidades de um típico gerente de projetos, tirado de uma grande corporação multi-nacional, para um completo projeto de alta tecnologia sob contrato com um cliente exterior, envolvendo design, manufatura, e instalação em campo de um produto.

Na prática, tais descrições do cargo precisam ser feitas sob medida para a indústria e projeto específicos. Diferenças ocorrerão para cada categoria de projeto (por exemplo, engenharia/construção de instalações, desenvolvimento de produtos, pesquisa, sistemas de informação, sistemas de telecomunicação capitais, etc.), assim como para aquelas diferenças causadas pela natureza da organização-mãe e sua cultura nacional (ou internacional), indústria, e para os projetos eles próprios.

Para informações mais detalhadas acerca do gerenciamento de projetos individuais específicos, veja Archibald 2003, Parte II, Capítulos 9 até 14.

Gerentes de Projetos como Executivos seniores

Muitos praticantes e autoridades em GP compararam o papel integrado do gerente de projetos com o de CEO e de outros executivos, e postularam que a experiência como gerente de projetos (sobretudo em grandes projetos transformacionais) é uma excelente preparação para se tornar um CEO ou outro executivo sênior.

Um extenso projeto de pesquisa sobre esse assunto (Debourse e Archibald 2011) concluiu que em empresas impulsionadas por projetos (nas quais muitos CEOs foram gerentes de projetos), aqueles com experiência como gerentes de projetos são favorecidos em suas progressões rumo ao cargo de executivo sênior.

Em empresas dependentes de projetos, suas progressões são muito mais árduas, uma vez que a disciplina de GP não é amplamente valorizada hoje dentro dessas empresas.

Controles do Projeto

O planejamento e controle do projeto envolvem duas áreas distintas: produto e projeto. Veja as funções necessárias a cada:

- Planejamento e controle do **produto** afetam **quais** serão os resultados finais do projeto:
    - Definir, desenvolver e controlar as características do produto;
    - Definir e controlar a configuração do produto (mudar as ordens, etc.); e
    - Estabelecer as especificações e o controle da qualidade do produto.

- **Planejamento** e controle do projeto afetam **como** os resultados finais do projeto serão alcançados:
- Definir e controlar os objetivos e escopo do projeto;
- Definir sistematicamente os resultados e os principais elementos do projeto com avarias do contrato (isto é, a estrutura analítica do projeto/WBS);
- Planejar o trabalho (tarefas);
- Programar o trabalho;

- Estimar os recursos necessários (trabalho, dinheiro, materiais, instalações);
- Alocação de Recursos;
- Atribuição e autorização do trabalho;
- Avaliar e controlar o progresso (físico, custo, trabalho, cronograma e controle de custo, técnico;
- Planejamento e controle de riscos.

Para uma listagem detalhada das ferramentas que são utilizadas para cada uma dessas importantes funções veja Archibald (2003), pp 234-236. Além dos diversos sistemas de informação de gerenciamento de portfólio listados antes no Capítulo 4, há muitas ferramentas de software disponíveis que foram projetadas para lidar com essas funções de controle de projeto individuais.

Conforme colocado no Capítulo 4, o difícil e contínuo desafio é viabilizar a integração adequada de todas as informações produzidas por esses sistemas de controle e ferramentas de planejamento de projetos e produtos.

Metodologia do Gerenciamento de Projetos Voltados para o Sucesso[16]

A Metodologia do Gerenciamento de Projetos Voltados para o Sucesso é descrita brevemente aqui como um bom exemplo de metodologia de controles de projeto integrada. Ela é baseada em um conjunto de indicadores que medem o desempenho do projeto e preveem o seu sucesso final, além de produzir um planejamento, cronograma e relatórios de controle detalhados. O sistema de informação da Metodologia do Gerenciamento de Projetos Voltados para o Sucesso, que é inteiramente apoiado pelo sistema de informação Spider Project,

O contínuo desafio dos Controles do projeto é a integração da informação.

[16] Para maiores detalhes acerca dessa abordagem, veja Vladimir Liberzon e Russell D. Archibald, 2003; e Vladimir Liberzon e Victoria Shavyrina, 2013.

abastece o gerente de projetos e as equipes do projeto com as seguintes informações:

Durante a etapa de planejamento:

- Datas, custos e exigências de material do projeto almejadas que poderiam ser alcançadas dentro das possibilidades de sucesso definidas do usuário;
- Probabilidades de alcance das metas (escopo, tempo, custo, e exigências de material) almejadas do projeto (e da fase do projeto) - "probabilidades de sucesso"; e
- Tempo, custo e reservas de contingência de materiais quantificados ou reservas críticas que deveriam ser designadas para apoiar o cumprimento de metas do projeto com a probabilidade necessária ou desejada.

Durante a execução e o controle:

- Probabilidades atuais de se alcançar várias metas do projeto,
- Tendências de probabilidade de sucesso que são utilizadas para determinar ações corretivas necessárias (vale mencionar que essas tendências dependem não apenas do desempenho do projeto mas também das mudanças nas características de risco do projeto), e
- Quantidade de reserva de contingência remanescente atual.

Durante a execução do projeto, a gerente do projeto monitora e controla a probabilidade de sucesso atual e as suas tendências. Essa informação das tendências é a mais útil para avaliar e estimar o desempenho do projeto e decidir se e qual ação corretiva será necessária.

Necessidade de uma Informação Integrada: O planejamento e o controle eficazes do projeto exigem que a informação relacionada ao escopo, cronograma, recursos, finanças *e riscos relacionados* do projeto sejam integrados em níveis detalhados e resumidos.

Essa exigência tem sido reconhecida por muitos anos mas ela não tem sido cumprida na prática.

Métodos de Integração utilizados na Metodologia do Gerenciamento de Projetos Voltados para o Sucesso: A integração do escopo, cronograma, gerenciamento de finanças e riscos para projetos é alcançada na abordagem da Metodologia do Gerenciamento de Projetos Voltados para o Sucesso utilizando estes métodos:

1. **Escopo** é definido sistematicamente utilizando múltiplas estruturas analíticas que inter-relacionam todas as informações do projeto. O escopo ou volume de trabalho é estimado para cada tarefa, pacote de trabalho, ou atividade, juntamente com os tipos de recursos exigidos e a taxa planejada de produtividade de uso ou de recursos para cada atividade.
2. **Dependências sequenciais e lógicas** de trabalho e de resultados são definidas utilizando métodos de planejamento de rede apropriados.
3. **Recursos** são:
    a) Definidos como consumíveis ou renováveis; eles podem ser utilizados e produzidos em atividades de projetos;
    b) Estimados como unidades independentes, unidades em equipes ou

A informação das tendências é a mais útil para avaliar o desempenho do projeto e a tomada de ação corretiva.

Planejamento e controle eficazes **do projeto** exigem que a informação seja integrada em níveis detalhados e resumidos.

grupos, ou unidades intercambiáveis dentro de conjuntos de designações;

c) Atribuídos a atividades de projetos;

d) Considerados como obstáculos quando seus limites de disponibilidade são atingidos no cálculo do caminho crítico do projeto, **em ambos os cálculos dos caminhos, de ida e de volta.**

4. **Durações de atividades** são calculadas, quando apropriado, pela combinação do escopo ou volume de trabalho com as taxas de uso e de produtividade.
5. **Riscos são calculados** pela simulação de eventos de riscos e utilização de uma gama de três estimativas, onde apropriado, para 1) escopo e volume de trabalho, 2) taxas de uso e de produtividade, 3) duração da atividade quando estimada diretamente, e 4) variação do calendário para o clima e outros fatores, para produzir probabilidades prognosticadas de sucesso na satisfação do alvo desejado de programação de datas e de orçamentos.
6. **Cronogramas de projetos** são produzidos da maneira usual pelo processamento de planos de rede, mas mais relevante, o verdadeiro caminho crítico de recursos é calculado para refletir todas as restrições lógicas e de cronograma, quer no cálculo do caminho de ida, quer no de volta, dos planos da rede. Isso se tornou conhecido como **caminho crítico de recursos** para enfatizar que os obstáculos de recursos têm sido utilizados para determinar quais atividades são verdadeiramente críticas para conclusão do projeto, e no cálculo da flutuação disponível ou do atraso permitido.
7. **Despesas correntes** de tempo, dinheiro, e recursos são comparadas com planos, cronogramas e orçamentos para viabilizar o monitoramento e controle de projetos eficazes, **incluindo o uso de métodos de valor agregado**.
8. **As probabilidades atuais de sucesso** em todas as áreas (cronogramas, recursos, finanças) são calculadas, e suas tendências determinadas e apresentadas graficamente através da análise de planos de projeto frequentemente

revisados e retidos. Inicialmente, os alvos almejados para datas, custos, e exigências de material ou outros recursos do projeto são calculados com base nas probabilidades desejadas estabelecidas pelo gerente e planejador do projeto. Quando os dados-alvos são estabelecidos, então o sistema calcula e o planejador do projeto avalia a probabilidade do seu alcance bem sucedido.

Simulação e avaliação de riscos na Metodologia do Gerenciamento de Projetos Voltados para o Sucesso: A avaliação de riscos pode ser efetuada na abordagem da Metodologia do Gerenciamento de Projetos Voltados para o Sucesso (muitas repetições utilizando geradores aleatórios de números) ou utilizando variadas estimativas, geralmente três: otimista, mais provavelmente, e pessimista. A escolha de qual método utilizar em uma situação específica depende de muitos fatores.

Avaliando o Sucesso no Gerenciamento de Projetos[17]

A avaliação de riscos pode ser efetuada na Metodologia do Gerenciamento de Projetos Voltados para o Sucesso através tanto do processo Monte Carlo quanto da Estimativa de três pontos.

Os padrões atuais de gerenciamento de projetos mostram que projetos consistem em quatro fases básicas (Conceito, Definição, Implementação, Entrega e Liquidação), conforme mostrado na Figura 6.1.

[17] Para uma discussão detalhada acerca desse tema, veja "Archibald, I. Di Filippo, e D. Di Filippo, 2012.

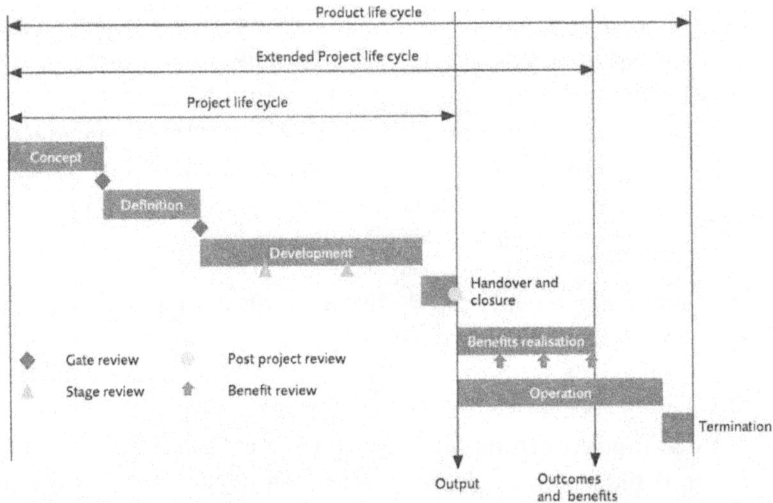

Figura 6.1. Projeto padrão e modelo de ciclo de vida abrangente. (Fonte: APM 2012 p 27. Usado com permissão.)

Sucedendo às fases de Entrega e Fechamento mostradas nesse e em outros padrões, uma Fase de Avaliação Pós-Liquidação do Projeto para projetos importantes tem que ser adicionada, junto com a Fase de Incubação/Viabilidade, discutida anteriormente no Capítulo 2. O abrangente Modelo de Ciclo de Vida do Projeto que resulta do reconhecimento da existência dessas duas fases é mostrado na Figura 6.2.

Fase de Avaliação Pós-Liquidação do Projeto Depois que o projeto tiver sido concluído e seus produtos ou resultados tiverem sido entregues e colocados em operação ou uso, o seu sucesso total tem que ser avaliado em quatro importantes dimensões, para determinar até que ponto os objetivos e benefícios do negócio foram alcançados, conforme descrito abaixo.

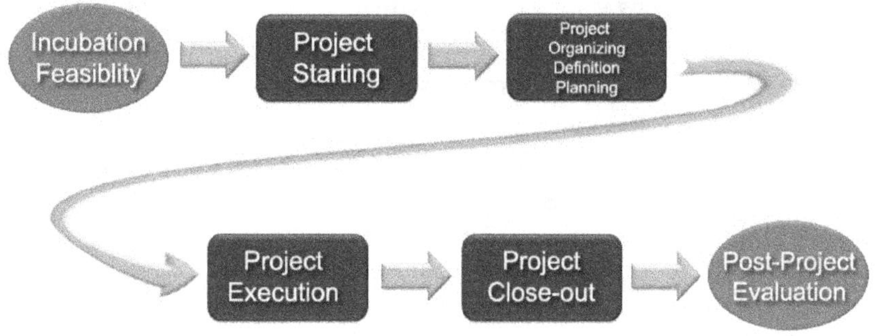

Figura 6.2.
Modelo ciclo de vida
do projeto de alto nível, abrangente e de seis fases (Fonte: Archibald, I. Di Filippo, e D. Di Filippo, 2012.)

Dimensões para determinar o sucesso e o valor do projeto: As quatro principais dimensões para mensurar o sucesso global do projeto são:

1. **Dimensão do Gerenciamento de Projetos:**
   - O quão próximo chegou o projeto de alcançar as metas originais, conforme definido no Termo de Abertura do Projeto ou no Plano de Negócios (Business Case)?
   - O projeto atingiu as especificações dos produtos, e o orçamento, cronograma e escopo aprovados?
2. **Dimensão dos Objetivos do Negócio-Produto**
   - O quão bem o produto (incluindo instalações, hardware, serviços, usuários e outros documentos, requisitos legais e outros resultados importantes) cumpre os objetivos funcionais e de negócios que foram utilizados para estabelecer o Termo de Abertura do Projeto e o Plano de Negócios?
   - O quão bem o produto atinge os seus Indicadores-Chaves de Desempenho/KPIs?

- Quais são os Fatores Críticos de Sucesso (CSFs) e o quanto o produto está à altura deles?
- O mercado compra, gosta e usa este produto? Como exemplos:
- Será que o público gosta do novo filme que o projeto produziu? Será que eles compram o número específico de ingressos que está no Plano de Negócios do Projeto?
- Será que a nova fábrica de produtos químicos produz os produtos especificados com o material e os custos operacionais especificados e cumpre as normas estabelecidas?
- Será que os usuários do novo sistema de TI gostam e realmente usam o sistema, e obtêm os benefícios específicos do seu uso?

3. **Dimensão de satisfação das Partes interessadas:** Qual nível de satisfação (realização, aproveitamento, prazer, raiva, conflito, frustração) existe em cada uma das partes interessadas:
   - O gerente de projetos, incluindo o seu senso de aperfeiçoar as habilidades técnicas e pessoais de gerenciamento de projetos;
   - Membros centrais da equipe de projetos, incluindo o "Crescimento da Equipe" em termos de auto eficácia e autoestima, a fim de ser capaz de contar com um futuro potencial de crescimento (usando o projeto para criar uma equipe que é mais forte e mais eficiente para o próximo projeto);
   - Contribuidores funcionais para o projeto e para o seu produto;
   - Patrocinadores executivos internos do projeto;
   - Patrocinadores políticos externos e outros;
   - Donos do produto final do projeto;
   - Investidores do projeto e do seu produto;
   - Usuários e operadores do produto final, incluindo:

  - Sua apreciação entusiástica tanto do projeto quanto do produto, fazendo com que percebam um nível ainda mais alto de qualidade e diferenciação, e
  - Sua capacidade para aperfeiçoar suas habilidades, utilizando os produtos do projeto, assim continuamente melhorando os resultados originais do projeto;
- Agências regulatórias afetadas;
- E outros?

A alta satisfação das partes interessadas do projeto permitirá à organização do projeto se tornar líder no seu mercado. Se o gerente do projeto e os membros das equipes não estiverem satisfeitos, o projeto perderá a eficácia e eficiência, e seus resultados não serão os melhores que poderiam ter sido.

Similarmente, se as outras importantes partes interessadas não estiverem bem satisfeitas, o sucesso observado tanto do projeto quanto dos resultados do projeto, serão adversamente afetados.

4. **A Dimensão Cognitiva de Desempenho da Equipe:** Motivadores e obstáculos cognitivos sempre tiveram um importante impacto no desempenho e no sucesso de um projeto, assim como nos resultados produzidos pelo projeto.

   Apenas recentemente esses fatores começaram a ser reconhecidos na comunidade de gerenciamento de projetos. Os Fatores Críticos de Sucesso associados com essa dimensão de desempenho da equipe incluem como o gerente de projetos e a equipe do projeto lidam com:

- Altas desacelerações ou acelerações durante o projeto.
- Fatores de contingência que são difíceis de se gerir.
- A Síndrome de Estudante.
- A Lei de Parkinson.
- O estresse em excesso.
- O estresse de multi-tarefas.

- A síndrome de exaustão.
- Conflitos internos que podem levar a crises.
- Redução drástica de comprometimento.
- Síndrome de competência limítrofe (Farei somente o que eu tenho que fazer e nada mais!).
- ...e daí em diante...

Alcançar um bom sucesso nesse aspecto terá impactos duradouros em todos os futuros projetos e programas dentro da empresa, assim como nos resultados de qualquer projeto específico sendo avaliado. (Archibald & Di Filippo 2013.)

Dimensões de Avaliação, Sucesso e Valor do Projeto:
1. Gerenciamento de Projetos.
Objetivos do Negócio-Projeto
3. Satisfação das Partes interessadas.

Sucesso do Projeto e Valor do Projeto:

Stanislaw Gasik[18] introduziu o conceito de que **o sucesso do projeto não é o mesmo que o valor do projeto:**

"Atualmente eu acredito que há dois conceitos: sucesso do projeto e valor do projeto. O conceito de valor do projeto é mais amplo que o de sucesso do projeto... O conceito 'sucesso do projeto' deveria ser relacionado apenas àquelas metas que foram precisamente definidas no Termo de Abertura do Projeto ou em qualquer outro documento 'oficial' semelhante.

As metas do negócio alcançadas são o núcleo do valor do projeto, e tudo que é ganho fora das metas iniciais do projeto (ou oficialmente modificado durante a execução do projeto) deveria ser adicionado ao valor do projeto.

---

[18] Correspondência privada, 2012.

Então, por exemplo, novos relacionamentos pertencem à área do valor do projeto e não necessariamente à área do sucesso do projeto, embora eu possa imaginar um projeto no qual a meta 'oficial' fosse o desenvolvimento de relacionamentos.

Acreditamos que as quatro dimensões propostas para a pós-avaliação de projetos viabilizará a medição seja do sucesso do projeto seja do valor do projeto.

Armados com o conhecimento apresentado ao leitor até aqui, os executivos estarão em uma posição para ***colocar demandas razoáveis aos seus subordinados*** com vistas ao seu alcance de um de gerenciamento de portfólio do projeto eficaz, conforme mostrado no Capítulo 7 a seguir.

Sucesso do Projeto e Valor do Projeto

- **Sucesso** = Atingir as metas de negócio do projeto com a satisfação das partes interessadas.
- **Valor** = Aquelas metas de negócio mais os benefícios adicionados não previstos.

7
O Que os Executivos Têm Que Exigir para Alcançarem um Gerenciamento de Projetos Eficaz

Programas e projetos existem em toda empresa, de qualquer tamanho, operando hoje. Portanto, eles estão sendo gerenciados atualmente de alguma maneira.

Em grandes organizações haverá geralmente ilhas de forte capacidade de GP. Isso frequentemente resulta em um mar de práticas de GP e sistemas de informação conflitantes e sobrepostos.

Hoje, há um conhecimento generalizado do que de mais moderno existe de GP dentro de muitas empresas e agências governamentais.

Como resultado, executivos seniores de empresas de todos os tamanhos podem impor demandas razoáveis aos seus executivos, gerentes e equipes, para atingir uma excelência na forma como seus programas e projetos são criados, selecionados para

***O entendimento** apresentado neste livro permite aos executivos fazerem demandas razoáveis aos seus subordinados em relação ao gerenciamento de projeto, programa e portfólios.*

***31 demandas específicas** feitas pelos CEOs e outros executivos seniores são apresentadas, relacionadas a sete áreas-chaves de gerenciamento estratégico e de projetos.*

***Quando essas demandas tiverem sido satisfatórias,** haverá uma probabilidade muito alta de que a sua organização atingirá uma excelência na liderança e gestão dos seus projetos inovadores, bem como os de rotina.*

financiamento, planejados e executados.

Essas demandas também incluem a medida do quão bem os benefícios mais recentes dos programas e projetos concluídos foram atingidos.

Esse Cap. 7 apresenta uma lista com 31 demandas razoáveis que os CEOs e outros executivos seniores podem fazer para sua equipe e gerentes, de forma a assegurar uma excelência nas capacidades de gerenciamento de projetos e programas da empresa.

Executivos Seniores têm que exigir:

Demandas Estratégicas

1. Todo programa e projeto autorizado claramente apoia um **objetivo estratégico** aprovado da organização.
2. Todas as **inovações** significativas são realizadas através da aplicação dos princípios de gerenciamento de projeto, programa e portfólio.
3. Cada **risco** é gerenciado utilizando-se métodos e sistemas atualmente disponíveis.
4. Todos os projetos são avaliados, priorizados e aprovados com base no **mesmo critério corporativo.**

Demandas de Processos de Gerenciamento de Projetos

5. Os **processos de gerenciamento de programas, projetos e portfólios** da organização são documentados de uma maneira coerente, facilmente entendida.
6. Todos os projetos são geridos dentro dos **portfólios** definidos apropriados.
7. A disciplina e os sistemas de apoio de gerenciamento de projetos são **completamente integrados** com partes afetadas da organização.

8. Um sistema **ativo de gerenciamento de projetos de rede** é selecionado e implementado no nível mais eficaz (portfólio do projeto ou empresa total).

Demandas de papéis e responsabilidades

9. ***Todos*** os **papéis integradores** estão claramente definidos, compreendidos e designados a pessoas qualificadas.
10. Um **Grupo de Direção do Portfólio** está indicado para cada portfólio de projeto.
11. Um **patrocinador executivo** está indicado para todo grande projeto e portfólio.
12. Um experiente **gerente de gerenciamento de projetos** está indicado para cada PMO.
13. Lares apropriados (**PMOs**) são estabelecidos dentro da organização para a disciplina de gerenciamento de projetos.

Treinamento de Gerentes e Demandas de Autoridade

14. Todos os principais gerentes de projetos e programas passam por **treinamento** necessário para assegurar o seu desempenho eficaz.
15. Cada gerente de projeto **respeita as linhas funcionais de autoridade** quando a direção do projeto é dada aos membros de suas equipes.
16. Gerentes funcionais (linha) e líderes de projetos **respeitam as linhas de projeto de autoridade** conforme exercitado pelos gerentes de projetos.

Demandas de Controles de Projetos

17. Todo projeto é planejado e controlado dentro das linhas-guias especificadas na documentação de **processos de gerenciamento de projetos corporativos**.
18. Todos os sistemas e procedimentos de controle e planejamento dos projetos são **integrados** de modo

que todas as informações do projeto sejam atuais e consistentes ao longo de toda a organização.

19. Apenas um **sistema de controle e planejamento de projetos sintetizador** é usado ao longo de toda a organização.
20. Os métodos de previsão e avaliação do progresso do **valor agregado** são aplicados em todos os principais projetos.
21. O processo de gerenciamento de projetos corporativo inclui uma detalhada descrição do **sistema de controle e informação do gerenciamento de projetos corporativos.**
22. **Todos os módulos técnicos, de risco e de informação do projeto** são incluídos no processo de gerenciamento de projetos corporativo e no sistema de controle e informação corporativa geral.
23. Todos (com exceções especificamente aprovadas) **os documentos relatados** são produzidos pelos sistemas de software de assistência.
24. Os conceitos de **projeto/estrutura analítica do projeto (P/WBS)** e **gerenciamento de interface do projeto** são aplicados para alcançar um nível eficaz e sustentável de detalhes na documentação do projeto.

Demandas da Equipe do Projeto

25. Uma **lista completa da equipe do projeto** é produzida e distribuída para todos os membros-chaves da equipe.
26. Cada equipe do projeto desenvolve uma **declaração dos objetivos do projeto** que todos os membros das equipes entendem e apoiam - consistente com os objetivos 'oficiais' do projeto - dentro de duas semanas após a formação das equipes.
27. As equipes do projeto estabelecem **critérios brandos e rígidos** para o sucesso do projeto nos olhos das suas partes-chaves interessadas.

28. Cada equipe estabelece **um plano de projetos tangível** com o qual todos os membros das equipes estão comprometidos.
29. A documentação do processo de gerenciamento de projetos corporativos inclui os procedimentos necessários para assegurar **um trabalho em equipe eficaz**.
30. Gerentes de projetos recebem **treinamento de liderança** apropriado antes de serem colocados no comando de qualquer grande projeto.

Demanda Pós-Conclusão do Projeto

31. Uma **apreciação pós-conclusão** é desempenhada em todo projeto para 1) determinar se os benefícios do plano de negócios do projeto foram alcançados, 2) documentar as lições aprendidas, e 3) melhorar o os processos, práticas e procedimentos de gerenciamento de projetos corporativos.

Colocar essas demandas para os gerentes e para as equipes de executivos comunica à empresa inteira que o melhor gerenciamento compreende o que é necessário para se alcançar o melhor desempenho possível na seleção e gestão dos seus projetos e programas, e que o melhor gerenciamento apoia totalmente a contínua melhoria, necessária para assegurar o sucesso continuado da sua empresa.

As organizações precisam medir sua maturidade através do gerenciamento das suas categorias específicas de projetos e programas, e compararem elas próprias com seus competidores. O capítulo seguinte descreve como isso pode ser feito, e por que é importante estar apto a fazê-lo.

8

Maturidades das Organizações no Gerenciamento de Projetos

Medir a maturidade de uma empresa em relação às suas capacidades de sucesso em gerenciamento de projetos é um tema importante.

Centenas de "Modelos de Maturidade de Gerenciamento de Projeto" foram desenvolvidos e utilizados nas últimas duas décadas, com o objetivo de medir o nível da maturidade do gerenciamento de projeto dentro de todos os tipos de empresas e para a maioria das muitas categorias de projetos.

Esses modelos variam de simples até muito complexos.

Desses modelos, os mais amplamente empregados foram desenvolvidos primariamente para organizações grandes e complexas, e tornaram-se excelentes fontes de negócio para consultores especializados.

A maturidade do gerenciamento de projeto de uma organização *para tipos específicos de projetos pode ser medida de forma eficaz.*

A maturidade de GP *pode ser vista a partir de três perspectivas.*

Essa medida é consideravelmente útil *para determinar onde as melhorias são necessárias e comparar com as capacidades dos competidores.*

Os propósitos desses modelos são:

- Identificar onde melhorias são necessárias,

- Melhorar tanto a seleção quanto a execução dos programas e projetos de uma empresa, e
- Comparar uma empresa ou uma divisão de uma empresa com seus competidores ou correspondentes em relação às categorias específicas de programas e projetos importantes para aquela empresa.

Modelos de Maturidade de Gerenciamento de Projeto:

- Identificar onde melhorias de Gerenciamento de Projeto são necessárias.
- Permitir a comparação com o desempenho de GP corporativo com outras, incluindo competidores.
- Dar claras indicações de forças e fraquezas.
- Poder levar a vantagens competitivas significativas se melhorias suplementares forem feitas.

A Maturidade de GP Pode Ser Vista a Partir de Três Perspectivas.

Essas três perspectivas são:

1. **Operações versus gerenciamento de projetos:** O quão bem a disciplina de gerenciamento de projeto está integrada com o gerenciamento de operações. Indicadores de relativa maturidade dessa perspectiva podem ser subjetivamente determinados pela avaliação desses fatores, entre outros:
    a. Classificação e responsabilidades de Patrocinadores de Projetos,
    b. Colocações e definições do PMO das suas responsabilidades, e

c. Grau de conflito entre Projeto e Gerentes Funcionais.

2. **Gerenciamento estratégico da empresa versus gerenciamento de portfólio de programas e projetos:** Todos os projetos da empresa estão verdadeiramente alinhados com os atuais objetivos estratégicos aprovados? Os programas transformacionais estratégicos estão sendo gerenciados de forma tão eficaz quanto os projetos de entrega ou comerciais da organização?

3. **Maturidade de GP de uma *unidade organizacional* versus maturidade dentro de *categorias de projetos:*** Muitos modelos de maturidade de gerenciamento de projeto são aplicados (incorretamente, na nossa visão) para medir as capacidades de sucesso de GP de uma empresa ou divisão como um todo.

   Eles deveriam ser mais apropriadamente aplicados para medir a maturidade da organização em relação a cada uma das categorias específicas de projetos que existem dentro da organização, conforme descrito no Capítulo 3.

   Uma organização pode ser muito madura e bem sucedida na seleção e gerenciamento de uma categoria específica de projetos e programas, especialmente para projetos comerciais ou de entrega, mas **ao mesmo tempo, ela pode ser muito imatura no gerenciamento** dos seus programas transformacionais estratégicos.

   Como exemplo, um departamento pode ser muito maduro e bem sucedido no gerenciamento de projetos de software de TI enquanto simultaneamente é imaturo e sem sucesso no gerenciamento no projeto e na construção de um novo escritório ou fábrica de processo.

Importância de se medir a Maturidade da Capacidade de GP

A medição da maturidade de GP torna possível identificar a necessidade e as oportunidades para melhorar essas capacidades dentro da organização e dentro de cada categoria de projeto, e torna possível também uma comparação internacional e como referência para organizações e categorias de projetos similares.

A pesquisa mostra que o aumento de uma maturidade de GP de uma empresa produz um sucesso maior na seleção, planejamento e execução de seus projetos, e isso, em contrapartida, produz um sucesso maior da empresa.

A pesquisa agora sustenta a hipótese de que o aumento da maturidade de GP de uma empresa produz um sucesso maior na seleção, planejamento e execução dos seus projetos, e isso, em contrapartida, produz um sucesso maior da empresa. Por exemplo, cinco anos de uma pesquisa de Maturidade de GP no Brasil estão documentados em www.maturityresearch.com.

Uma conclusão interessante dessa pesquisa é que **a existência por um ano ou mais de um Escritório de Gestão de Projetos (PMO) afetou positivamente o nível de maturidade de GP da organização.**

O modelo Prado de Maturidade de GP, que está disponível naquele endereço eletrônico e mostrado na Figura 8.1, pode ser utilizado sem custo por qualquer organização no mundo que queira determinar como ela se posiciona em comparação com outras organizações similares em diversos países.

Três perspectivas de Maturidade de Gerenciamento:

1. Gerenciamento Operacional vs. gerenciamento de Projeto / Programa.
2. Gerenciamento Estratégico da Empresa vs. Gerenciamento de Portfólio do Programa / Projeto.
3. Maturidade de uma Unidade Organizacional vs. Maturidade dentro de uma Categoria de Projeto.

Ao contrário da maioria dos processos de avaliação de maturidade de GP, esse modelo e seu processo avaliativo são fáceis de serem implementados, e necessitam de apenas 60 - 90 minutos para que o questionário seja respondido (dependendo do tamanho e da complexidade do departamento ou da organização).

O núcleo da pesquisa é um conjunto de 40 perguntas para avaliar a maturidade de um departamento dentro de uma organização. É importante que as perguntas sejam respondidas seriamente e com honestidade, e com um conhecimento consistente dos métodos de gerenciamento de projetos que são realmente utilizados no departamento sob avaliação.

Essa é uma abordagem de eficácia muito maior na velocidade e no custo, comparada a outros processos de avaliação de maturidade de GP. Os resultados são fornecidos online imediatamente após a conclusão do questionário.

Através desse processo e do website é possível avaliar e comparar a maturidade no gerenciamento de projetos de empresas privadas, organizações sem fins lucrativos e governamentais sob administração direta ou indireta.

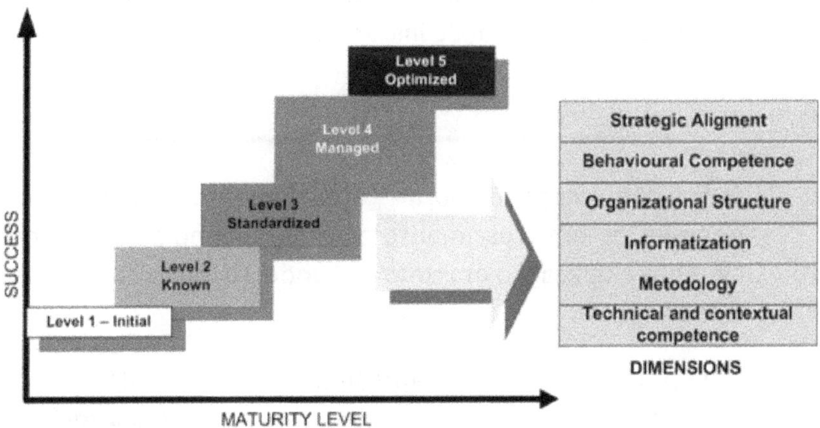

Figura 8.1. O Modelo Prado de Maturidade de Gerenciamento de Projeto.

A maturidade de GP em empresas impulsionadas por projetos versus empresas dependentes de projetos: Empresas impulsionadas por projetos (discutidas no Capítulo 2) possuem tipicamente níveis de maturidade de GP maiores do que organizações dependentes de projetos, porque a própria existência da primeira depende da seleção dos projetos certos e de sua execução eficaz e eficiente.

Um excelente gerenciamento de projeto é vital para o futuro dessas empresas impulsionadas por projetos. Pesquisas mostram (veja Debourse e Archibald 2011) que a maioria dos CEOs dessas empresas manteve cargos de gerentes de projetos durante suas carreiras.

Empresas dependentes de projetos são frequentemente menos maduras nas suas capacidades de gerenciamento de projeto porque a importância da disciplina de GP não é amplamente reconhecida, e poucos desses CEOs ou outros executivos seniores gerenciaram projetos ou programas durante suas carreiras.

Acreditamos que toda organização que possua projetos importantes em andamento entregará benefícios substanciais a partir de um esforço para medir sua maturidade de gerenciamento de projeto e determinar onde iniciar melhorias nessas importantes capacidades.

A disciplina ou profissão de gerenciamento de projeto experimentou um crescimento considerável no seu reconhecimento e aplicação em todo o mundo ao longo das últimas três décadas.

O Capítulo 9, a seguir, apresenta evidências da difusão dessa aceitação da **necessidade e do uso desses princípios e práticas de gerenciamento dentro de todos os tipos de empresas humanas.**

9

Desenvolvimentos da Profissão de Gerenciamento de Projetos

Origens do moderno Gerenciamento de Projetos

A criação e gerenciamento de programas e projetos começam a ser reconhecidos como uma profissão de gerenciamento formalizada (ou uma disciplina especializada, se você preferir) durante a Segunda Guerra, na década de 1940.

Seus conceitos básicos emergiram primeiramente dentro de duas importantes indústrias: engenharia e construção de instalações, e militar / aeroespacial (Archibald e Villoria, 1967).

Associações, Normas e Certificações de Gerenciamento de Projetos

Existe hoje uma série de associações profissionais focadas em gerenciamento de projeto e programa.

A disciplina *e a profissão do moderno gerenciamento de projetos evoluiu ao longo dos últimos 70 anos.*

Essa profissão *é hoje amplamente reconhecida como uma capacidade vital para a maioria das organizações.*

Associações profissionais globais *desenvolveram certificações de GP, normas e corpos de conhecimento úteis.*

Muitas universidades *agora oferecem diplomas de Bacharelado, Mestrado e Doutorado em gerenciamento de projeto.*

As maiores são o **Project Management Institute (PMI)** (www.pmi.org), criado nos Estados Unidos em 1969, e a **International Project Management Association (IPMA)** (www.ipma.ch), criada inicialmente na Europa como INTERNET em 1965, com sua primeira conferência em Praga em 1967.

Hoje, o PMI possui 400.000 membros em 120 países e 266 filiais formais em mais de 80 países, e o IPMA possui mais de 120.000 membros na sua federação de 55 organizações nacionais ao redor do mundo.

Essas duas organizações publicaram corpos de conhecimento e normas extensivas no campo de gerenciamento de projeto.

O PMI distribuiu quase 4 milhões de cópias do Guia PMI ao Conjunto de Conhecimentos em Gerenciamento de Projetos (PMBOK) em 11 línguas. Essas duas organizações estabeleceram programas de certificação para pessoas experientes na disciplina de gerenciamento de projetos, e o PMI relata que certificaram 495.000 pessoas como Profissionais de Gerenciamento de Projetos (PMPs) ao redor do mundo.

Há também muitas outras associações nacionais e internacionais devotadas, ao menos parcialmente, ao gerenciamento de projetos que não estejam afiliados diretamente ao PMI ou ao IPMA.

A Organização de Normas Internacionais (ISO) publicou diversas normas relacionadas ao gerenciamento de projetos e programas, que são reconhecidas em todo o mundo, incluindo a **ISO 21500, Guia do Gerenciamento de Projetos,** um documento de 44 páginas publicado em 2012, que pode ser comprado no http://www.iso.org/iso/home/store/catalogue_tc/catalogue_detail.htm?csnumber=50003

A **Global Alliance For Project Performance Standards (GAPPS)** www.globalpmstandards.org possui um sistema de credenciais baseado em competências, seja para projetos, seja para programas.

Muitas empresas e agências governamentais também fornecem certificações de propriedade no campo de gerenciamento de projetos. Como exemplo principal, o Escritório de Gerenciamento e Orçamento (OMB) do governo federal dos EUA iniciou **a sua Certificação de Aquisição Federal para Gerentes de Programas e Projetos (FAC-P/PM)** em 2007, para todos os departamentos de não-defesa.

A Academia de Liderança em Gerenciamento de Programas, Projetos e Engenharia (APPEL – Academy of Program, Project and Engineering Leadership), da NASA, em http://www.nasa.gov/offices/oce/appel/home/index.html fornece certificação e treinamento extensivo para os membros de suas equipes. O Departamento de Defesa dos EUA possui regulações e certificações extensivas relacionadas ao gerenciamento de projetos e programas.

Muitas outras agências governamentais e corporações privadas em uma série de países publicaram normas e estabeleceram academias e programas de certificação em gerenciamento de projetos e programas.

O Comitê Industrial de Gerenciamento de Programas (ICPM) da Associação Industrial da Defesa Nacional (NDIA): Sua missão é "proporcionar um fórum de altos executivos de empresas corporativas associadas ao NDIA e altos funcionários de aquisição do Departamento de Defesa para se reunirem periodicamente para analisar e discutir questões de interesse e preocupação comuns.

"Temas para discussão incluirão políticas de gerenciamento de aquisição e programas, procedimentos e as melhores práticas e questões que impactam no desenvolvimento, obtenção e uso de sistemas militares." http://www.ndia.org/Divisions/IndustrialWorkingGroups/IndustrialCommitteeForProgramManagement/Pages/default.aspx

Faculdade de Gestão de Desempenho: Uma organização internacional profissional, sem fins lucrativos, dedicada às disciplinas de gerenciamento de projetos e medição de desempenho. "Nós ajudamos o gerente de projetos, profissional em valor agregado, no seu crescimento de carreira e na aplicação da gestão de valor agregado. Nós somos um corpo de profissionais em expansão, dedicado ao gerenciamento de projetos dentro do prazo e do orçamento."http://www.mycpm.org/

Associação Americana de Gerenciamento de Construção: "A Associação Americana de Gerenciamento de Construção é a única organização da América do Norte, dedicada exclusivamente aos interesses do gerenciamento de programas e construção profissional.

"A associação foi formada em 1982. Atualmente, há mais de 10.000 membros, incluindo profissionais em GP e gerenciamento de construções individuais, membros corporativos, e donos de construções nos setores público e privado, junto com membros associados e acadêmicos. A Associação Americana de Gerenciamento de Construção (CMAA) possui 28 filias regionais e 43 filiais estudantis em faculdades e universidades pelo país afora.

"A Missão da CMAA é promover a profissão do Gerenciamento de Construção e o uso de Gerentes de Construção em projetos e programas capitais. A CMAA está liderando o crescimento e a aceitação do gerenciamento de construção como uma disciplina profissional que pode agregar um valor significativo para o processo construtivo inteiro, desde a concepção até à contínua operação."http://cmaanet.org/

A Associação para o Avanço da Engenharia de Custos Internacional (AACEi) é uma associação profissional líder para estimativas de custos, engenharia de custos, planejadores, gerentes de projetos, e especialistas de controle de projetos. A Associação com mais de 7.000 membros em todo o mundo, consiste numa indústria independente, e possui membros em 80 países e 80 seções locais. A AACEi fornece uma série de certificações bem reconhecidas relacionadas ao gerenciamento de projetos, conforme descrito em http://www.aacei.org/certification/certExplained.shtml .

A Associação de Desenvolvimento e Gerenciamento de Produtos (PMDA) no www.pdma.org possui 26 filiais nos EUA e afiliados em 15 países, e fornece uma certificação de Profissional em Desenvolvimento de Produtos, que está relacionada de perto ao gerenciamento de projetos.

Além desses, há uma série de outras associações profissionais em engenharia, construção, engenharia de custo, contabilidade, consultoria, desenvolvimento de produtos, e outros campos que desenvolveram normas e certificações relacionadas ao gerenciamento de programas e projetos.

Diplomas Universitários em GP

Várias universidades em todo o mundo agora oferecem certificados e diplomas de graduação e pós-graduação em gerenciamento de projetos. Por exemplo, para ver uma lista de diversos cursos universitários dados pelo Centro PMI de Credenciamento Global na América do Sul e do Norte, Europa/Oriente Médio/África, e Ásia-Pacífico:http://www.pmi.org/CareerDevelopment/Pages/Degree-Directory.aspx Os departamentos de engenharia civil de muitas universidades oferecem diplomas em gerenciamento de construção que são equivalentes a outros diplomas em gerenciamento de projetos.

10
Resumo:
O Que Todos Os Executivos Precisam Saber

1. Todas as Inovações são Realizadas através de Projetos.

Portanto, para gerenciar inovações e mudanças de qualquer tipo, são necessárias as melhores práticas de gerenciamento de projetos, programas e portfólios.

Como todos sabemos,

- Informação é poder.
- Conhecimento é poder.

A informação neste livro deu a você um amplo entendimento e perspectiva dessa disciplina relativamente nova chamada de Gerenciamento de Projetos.

Armados com essa informação, você agora está na posição de examinar como os programas e projetos da sua empresa - corporação, agência governamental, ou agência sem fins lucrativos - são concebidos e geridos.

***Resumo do livro** e um breve guia de referência*

1. *Todas as inovações são realizadas através de projetos*
2. *Conceitos de Gerenciamento de Projetos*
3. *Projetos e Programas*
4. *Gerenciamento de portfolio de projetos*
5. *Escritório de Projetos*
6. *Gerenciando grandes projetos individuais*
7. *Demandando Excelência em Gerenciamento de Projetos*
8. *Maturidade das Organizações no Gerenciamento de Projetos*
9. *Desenvolvimento da Profissão de Gerenciamento de Projetos*

Você agora está qualificado para dar um excelente direcionamento para os seus executivos e gerentes para assegurar que a sua capacidade vital neste campo de gerenciamento - como vocês todos gerenciam inovações - é igual ou melhor do que a dos seus competidores.

Conceitos de Gerenciamento de Projetos

Todas as equipes executivas - não apenas aquelas envolvidas diretamente na seleção e execução dos muitos projetos dentro de suas empresas - têm que possuir um conhecimento suficiente sobre gerenciamento de projetos para dar seguimento às suas responsabilidades diárias e contribuir para a contínua inovação que manterá a empresa competitiva e bem sucedida. Nós fornecemos ao leitor executivo aquilo que acreditamos ser um entendimento profundo tanto das características de projetos e programas e dos princípios e métodos necessários para gerenciá-los eficientemente.

Nós explicamos as importantes diferenças em:

- **Gerenciamento de projetos** comparado ao **gerenciamento** contínuo **de operações,**
- **Projetos transformacionais** comparados a **projetos de entrega**, e
- **Organizações impulsionadas por projetos** comparadas a **organizações dependentes de projetos.**

Os três princípios básicos de gerenciamento de projetos:

1. **Atribuição de papéis** e responsabilidades integradoras para projetos em 6 níveis em organizações complexas.
2. **Aplicação de** sistemas de informação integradores para planejar e controlar cada projeto, programa e portfólio de projetos com todos os elementos necessários através de todos os seus ciclos de vida.
3. **Designação, construção e direcionamento de cada equipe de projeto,** incluindo todos os recursos humanos necessários para alcançar os objetivos do projeto.

Os seis níveis das responsabilidades de gerenciamento de projetos são:

1. CEO.
2. Grupo de Direção do Portfólio.
3. Patrocinador Executivo do Projeto.
4. Escritório de Programas: Escritório de Gestão de Projetos
5. Gerentes de Projetos.
6. Gerentes Funcionais

Todas as Partes Interessadas no Projeto:

- Têm que ser identificadas previamente no projeto e envolvidas eficazmente no projeto durante todo o seu ciclo de vida.
- Incluem todas as pessoas ou agências que são afetadas ou exercem influência no projeto e nos seus resultados.
- Possuem um impacto direto tanto no sucesso quanto no valor final do projeto.

Os dois objetivos primários do gerenciamento de projetos:

1. Todos os projetos estão alinhados com as estratégias da organização.
2. Cada projeto alcança seus objetivos e produz o valor desejado.

Gerenciamento de Projetos:

- **Usa** uma abordagem estruturada.
- **Reúne** todas as habilidades e recursos
- **Define** os objetivos, escopo, recursos, e cronograma.
- **Entrega** os resultados e valores pretendidos.

Há diferenças nas origens de projetos de:

- **Projetos de entrega** de projetos transformativos.
- **Organizações impulsionadas por projetos** de organizações dependentes de projetos.

Após a conclusão, um projeto tem que ser avaliado para se determinar o seu sucesso a partir dos pontos de vista do:

- **Seu Gerenciamento de Projetos** (cronograma, escopo, custo, riscos.)
- **Produtos** e outros resultados.
- **Partes Interessadas.**
- **Desempenho** da equipe.

3. Projetos e Programas

Há muitos tipos de projetos e muitas maneiras de categorizá-los para diferentes propósitos:

- Estrategicamente.
- Operacionalmente.
- Educação e treinamento.
- Desenvolvimento de carreira.

Um gerenciamento de projetos de uma medida não atende todos os projetos.

Grandes projetos exigem:

- Um Patrocinador Executivo do Projeto.
- Aplicação do conjunto completo de ferramentas de controle de projetos.
- Um gerente de projetos de dedicação integral.

Projetos menores:

- Geralmente não necessitam de um Patrocinador Executivo.
- Necessita de uma aplicação de menos do que um conjunto completo de ferramentas de controle de projetos.
- Podem frequentemente ser gerenciados por um gerente de projetos de tempo parcial.

Projetos Transformacionais Estratégicos:

- São empresas dentro de uma empresa.
- Sempre produzem inovações significativas.
- São sempre grandes projetos ou programas.

Mega Projetos e Programas são:

- Empreendimentos enormes que geralmente envolvem consórcios de empresas e agências governamentais.
- Além do escopo deste livro.

4. Gerenciamento de Portfólio de Projetos

Gerenciamento de Portfólio de Projetos:

- **Reconhece que todos os projetos são investimentos** que tem que ser controlados, priorizados e gerenciados utilizando um processo estabelecido de Gerenciamento de Portfólio de Projetos.
- **É estratégico** por natureza.
- **Vai além do** gerenciamento de projetos e programas.
- **Abarcam** restrições e riscos do mundo real.
- **Fornece grandes benefícios** e ganhos estratégicos.

Três tipos de Investimentos de Inovação:

- **Potencializar** para expandir e crescer.
- **Sustentar** para continuar o negócio existente.
- **Eficiência** para reduzir custos e melhorar a eficiência.

"**Gerenciamento de portfólios de projetos** pode ser uma arma potente para assegurar que os investimentos da organização trabalham juntos e entregam verdadeiros resultados do negócio."

Um Processo de Gerenciamento de Portfólio de Projetos coerente e documentado e um Grupo de Direção do Portfólio são exigências vitais no ambiente competitivo global atual.

Um bom gerenciamento de portfólio aumentará em 30% o número de projetos concluídos dentro do prazo e do orçamento!

O Gerenciamento de Portfólio de Projetos é apoiado por uma série de guias e normas publicadas, e poderosas aplicações de sistemas de informação.

O maior desafio de controle e informação continua a ser a integração dos sistemas de informação de portfólio de projetos com os sistemas de informação bem estabelecidos da empresa.

5. Escritório de Gestão de Projetos (PMOs)

Um Escritório de Gestão de Projetos:

- **É a casa organizacional** para a função de gerenciamento de projetos.
- **É a responsabilidade do gerente** ou diretor da função de gerenciamento de projetos; essa pessoa pode ter o título de Diretor do Escritório de Projetos (CPO.)
- **Geralmente evolui** nas suas responsabilidades conforme a maturidade da organização em gerenciamento de projetos cresce ao longo do tempo.

Os desafios de estabelecer e evoluir um PMO incluem:

- **O quanto a centralização** de serviços de apoio de projetos é melhor para uma organização em particular.
- **A resistência** dos gerentes funcionais envolvidos em projetos.
- **Propriedade** e controle dos serviços de controles do projeto e de apoio.
- **Vigilância e autoridade de gerenciamento** de gerentes de projetos.
- **Tentação** para "construir um império."

Há uma série de problemas e armadilhas na implementação bem sucedida de um PMO, e uma série de recomendações para assegurar o sucesso.

Uma pesquisa de 2012 com 554 empresas e agências em três continentes descobriu que:

- 87% possuíam um PMO.
- Definir o papel do PMO é o maior desafio.
- Uma maior capacidade do PMO traz uma recompensa maior.

- Os membros da equipe do PMO possuem em média 10 anos de experiência em gerenciamento de projetos; 40% são PMPs certificados.
- Mais de 50% dos PMOs possuem programas de treinamento no local.

6. Gerenciando Grandes Projetos Individuais

O sucesso de um grande projeto depende:

- **Do apoio adequado** do Patrocinador Executivo do Projeto designado.
- **Da autoridade**, capacidade, conhecimento e liderança do Gerente de Projetos.
- **Da habilidade e capacidade dos Controles do Projeto** para definir, planejar, estimar, e controlar os objetivos, escopo, custo, cronograma, riscos, trabalho e outros recursos do projeto.
- **Do respeito dos gerentes funcionais** à autoridade de projeto do Gerente de Projetos e do respeito do Gerente de Projetos à autoridade funcional dos Gerentes Funcionais.

O Gerente de Projetos:

- **Integra** os planos e esforços de todos os colaboradores do projeto para alcançar os objetivos no Termo de Abertura do Projeto.
- **Assegura** que os interesses de todas as partes interessadas são inteiramente reconhecidos e satisfeitos na medida do possível.
- **Fornece uma direção de projeto** aos membros funcionais da equipe de projetos: o quê, quando, quanto de tempo e dinheiro está disponível.
- **Construir e liderar** a equipe do projeto.
- **Compreender** e utilizar adequadamente as capacidades de apoio dos Controles do Projeto fornecidas pela organização.

Gerentes funcionais e Líderes de Equipe:

- **Integrar os planos e esforços** dos membros de equipes de projetos dentro de cada uma de suas funções.
- **Fornecer direção funcional** aos membros designados da Equipe do Projeto: como o trabalho é feito para cumprir o cronograma especificado, como ele é feito para atender às especificações técnicas, quem fará o trabalho, quanto tempo e dinheiro serão necessários (para os propósitos de planejamento integrado.)

Controles do Projeto

- **Apoiar os Gerentes Funcionais e de Projeto** com as habilidades e ferramentas necessárias para definir e controlar o escopo e planejar, agendar, orçamentar, autorizar, avaliar o progresso e riscos, relatar o progresso e gastos de recursos, e controlar o projeto através da aplicação e operação de sistemas de informação de projetos integrados conectados adequadamente a sistemas de informação de corporação apropriados.
- **Incluir o** planejamento de produto e projeto e controlar informação.
- **Exigir especialistas habilidosos** para assumirem suas responsabilidades e usar adequadamente os complexos sistemas de informação necessários para grandes projetos.

A metodologia de gerenciamento de projetos integrada exige a habilidade para:

- **Prever a probabilidade** de cumprir os cronogramas almejados com dinheiro e outros recursos disponíveis.
- **Fornecer comparações** de cronogramas e orçamentos padrões com estimativas atuais que reflitam progresso e gastos até o momento.
- **Utilizar eficazmente** métodos de valor agregado.
- **Análise de tendência** para fatores-chaves de sucesso.

O sucesso e o valor do projeto têm que ser avaliados em quatro dimensões:

- **Gerenciamento de Projetos:** objetivos de escopo, cronograma e custos.
- **Produto e outros resultados:** qualidade do produto e objetivos operacionais, de desempenho, documentação e marketing para o produto, indicadores-chaves de desempenho e Fatores Críticos de Sucesso.
- **Satisfação das Partes interessadas.**
- **Desempenho cognitivo da equipe de projetos.**

7. Demandando Excelência em Gerenciamento de Projetos

Executivos seniores podem agora esperar que as capacidades de gerenciamento de projetos de sua empresa cumpram as 31 demandas listadas no Capítulo 7 para:

- Gerenciamento estratégico (4 demandas)
- Processos de Gerenciamento de Projetos (4 demandas)
- Papéis e responsabilidades (5 demandas)
- Treinamento de gerenciamento e autoridade (3 demandas)
- Controles de Projetos (8 demandas)
- Equipes de projetos (6 demandas)
- Avaliação pós-conclusão do projeto (1 demanda)

8. Maturidade das Organizações no Gerenciamento de Projetos

Medir esta maturidade é importante para:

- **Melhorar** a seleção e execução de projetos.
- **Identificar** onde melhorias são necessárias.
- **Estudar comparativamente** a organização em relação a competidores em categorias específicas de projetos.

A maturidade do gerenciamento de projetos pode ser vista a partir de três perspectivas:

1. Operações versus gerenciamento de projetos:
2. Gerenciamento estratégico da empresa versus gerenciamento de portfólio de projetos:
3. Maturidade da organização inteira versus a maturidade em gerenciar uma categoria de projeto específica.

Uma organização pode ser muito madura para uma categoria de projeto e muito imatura para outra.

Modelos de Maturidade de Gerenciamento de Projeto

- Identificar onde melhorias no Gerenciamento de Projeto são necessárias.
- Permitir a comparação com o desempenho de GP corporativo com outras, incluindo competidores.
- Dar claras indicações de forças e fraquezas.
- Poder levar a vantagens competitivas significativas se melhorias suplementares forem feitas.

Empresas impulsionadas por projetos são muito maduras para as categorias de projetos em que são especializadas, mas não são maduras para outras categorias de projetos.

Empresas dependentes de projetos têm que desenvolver sua maturidade em categorias de projeto específicas que são vitais para sua contínua inovação, crescimento e sobrevivência.

9. Desenvolvimento da Profissão de Gerenciamento de Projetos

A Profissão de Gerenciamento de Projetos:

- Cresceu rapidamente nos últimos 20 anos.
- É sustentada ao redor do mundo por uma série de associações profissionais.
- Publicou corpos de conhecimento e forneceu numerosas certificações.

- É reconhecida por diversas universidades em muitos países com programas avançados de diploma.

O Instituto de Gerenciamento de Projetos (PMI) hoje:

- 400.000 membros em 120 países.
- 200 capítulos formais em mais de 80 países.
- Distribuiu 4 milhões de cópias em 11 línguas do Guia PMI do Conjunto de Conhecimentos em Gerenciamento de Projetos.
- 495.000 pessoas como Profissionais de Gerenciamento de Projetos certificados pelo PMI/PMPs, mais outras certificações relacionadas.
- Muitas normas publicadas relacionadas.

A Associação Internacional de Gerenciamento de Projetos (IPMA) hoje:

- 120.000 membros.
- 55 organizações membros nacionais.
- Muitas normas e guias publicados em muitas línguas.
- Robusto processo de certificação multi-nível.

A Organização das Normas Internacionais (ISO) emitiu a ISO 21500, Guia do Gerenciamento de Projetos, em 2012.

Outras importantes associações profissionais relacionadas a gerenciamento de projetos:

- Aliança Global para Normas de Desempenho de Projetos (GAPPS).
- O Comitê Industrial de Gerenciamento de Programas (ICPM) da Associação Industrial da Defesa Nacional (NDIA).
- A Associação para o Avanço da Engenharia do Custo Internacional (AACEi).
- Associação de Desenvolvimento e Gerenciamento de Produtos (PDMA).
- Faculdade de Gestão de Desempenho.
- Associação Americana de Gerenciamento de Construção.

Muitas outras agências governamentais e corporações privadas em uma série de países publicaram normas e estabeleceram academias e programas de certificação em gerenciamento de projetos e programas.

Um amplo número de universidades ao redor do mundo agora oferece cursos e diplomas em gerenciamento de projetos.

O Gerenciamento de Projetos É Agora uma Capacidade Vital para Todas as Empresas que Desejam Inovar

Está claro que a disciplina de gerenciamento de programas e projetos é agora uma importante área de especialização e, de fato, se tornou uma profissão de gerenciamento dentro de todo o campo da gestão empresarial. **Dado o crescente reconhecimento de que toda inovação significativa é realizada através de projetos, o conhecimento e a capacidade em gerenciamento de projetos e programas tornou-se agora vital para todos os executivos e gestores em todo setor da atividade humana.**

APÊNDICE A
Deveres e Responsabilidades do Gerente de Projetos

Exemplo de um Projeto de Design/Manufatura/Instalação de Alta Tecnologia Sob Contrato com um Cliente Externo

Fonte: Archibald 2003, pp.207-2011

Início do Projeto

- Identificar os membros-chaves da equipe do projeto e definir suas responsabilidades.
- Planejar e dar início rapidamente e eficientemente ao projeto, utilizando workshops de planejamento inicial para equipes do projeto.

Geral

- Assegurar-se de que todos os equipamentos, documentos e serviços são entregues adequadamente ao cliente para aceitação e uso dentro do cronograma e custos contratuais.
- Transmitir a todos os departamentos relevantes (seja externos ou internos) um completo entendimento das exigências do cliente do projeto.
- Participar e guiar os gerentes responsáveis e membros-chaves da equipe no desenvolvimento dos objetivos, estratégias, orçamentos e cronogramas do projeto.
- Planejar todas as tarefas necessárias para satisfazer as exigências do cliente e do gerenciamento e assegurar que elas estão sendo programadas, orçamentadas, fornecidas, monitoradas e relatadas de forma adequada e realística.
- Identificar prontamente todas as deficiências e desvios do plano atual.
- Assegurar que ações para corrigir deficiências e desvios são iniciadas, e monitorar a execução dessas ações.

- Assegurar que os pagamentos são recebidos de acordo com os termos contratuais.
- Estar ciente de todos os contatos do projeto com o cliente e garantir que os membros adequados da equipe de projeto participam de tais contatos.
- Arbitrar e resolver os conflitos e as diferenças entre os departamentos funcionais nas tarefas ou atividades específicas do projeto.
- Manter contato diário com todos os contribuintes funcionais para proporcionar a comunicação necessária para garantir a realização dos compromissos.
- Fazer ou forçar decisões necessárias em níveis organizacionais sucessivamente mais elevados para alcançar os objetivos do projeto, seguindo os procedimentos de escalação acordados.
- Manter a comunicação com a alta gerência, observando áreas problemáticas e o status do projeto.

Relações com o Cliente: Em estreita colaboração com os departamentos de relação com o cliente e de marketing:

- Receber do cliente todas as informações técnicas, de custo e de programação necessárias, exigidas para conclusão do projeto.
- Estabelecer boas relações de trabalho com o cliente em todos os níveis: gestão, contratuais, legais, contas a pagar, engenharia de sistemas, engenharia de design, sites e operações de campo.
- Organizar e participar de reuniões com o cliente (contratual, planejamento, engenharia e operações).
- Receber e responder a todas as questões técnicas e operacionais do cliente, com a ajuda adequada de departamentos funcionais.

Administração de contratos

- Identificar quaisquer áreas potenciais de exposição em contratos existentes ou potenciais e iniciar as medidas adequadas para alertar a administração superior e eliminar essa exposição.
- Preparar e enviar, ou aprovar antes de enviar por outros, toda a correspondência referente a questões contratuais.
- Coordenar as atividades do administrador do contrato do projeto, no que diz respeito a questões do projeto.
- Preparar e participar de todas as negociações de contratos.
- Identificar todos os compromissos contratuais em aberto.
- Aconselhar as operações de campo, engenharia e manufatura de compromissos e variações contratuais permitidas.
- Preparar documentos históricos ou de cargos sobre qualquer aspecto contratual ou técnico do projeto, para uso em negociações do contrato ou litígios.

Planejamento, Controle, Relatórios, Avaliação e Direção do Projeto

- Desempenhar, ou supervisionar o desempenho de todo o planejamento, controle, comunicação, avaliação e direcionamento de funções do projeto (como comumente descrito na literatura de gerenciamento de projetos), de modo adequado para o escopo do projeto designado.
- Realizar reuniões frequentes e regulares de avaliação e revisão do projeto com os principais membros da equipe do projeto, visando identificar problemas atuais e futuros e iniciar ações para a sua resolução.
- Preparar e apresentar relatórios semanais ou mensais de progresso para a gestão superior, e para o cliente, se necessário.
- Supervisionar o controlador(a) do projeto e sua equipe.

Marketing

- Manter uma estreita ligação com o marketing e utilizar contatos dos clientes para adquirir toda a inteligência possível para negócios futuros.

Engenharia

- Garantir que a engenharia cumpra as suas responsabilidades para a entrega, no prazo e dentro das estimativas de custo do produto, os desenhos e as especificações exigidas utilizáveis pelas operações de fabricação, de compras e de campo, atendendo às especificações do cliente.
- Em cooperação com os departamentos de engenharia, elaboração, e publicações, definir e estabelecer cronogramas e orçamentos para todas as tarefas de engenharia e afins. Depois de acordado, liberar os valores admissíveis de financiamento e monitorar o progresso em cada tarefa em relação ao projeto global.
- Atuar como a interface com o cliente para esses departamentos, com a assistência deles, se necessário.
- Garantir o controle de qualidade do produto, configuração e custo.
- Aprovar publicações técnicas antes de liberar para o cliente.
- Coordenar o suporte de engenharia relacionado ao projeto para os departamentos de fabricação, instalação, judicial, entre outros.
- Participar (ou delegar participação) como um membro votante do Comitê de Controle de Mudança de Engenharia em assuntos que afetam o projeto.

Manufatura

- Garantir que a produção cumpre as suas responsabilidades para entrega dentro do prazo de todos os equipamentos necessários, atendendo às especificações de engenharia dentro de custos estimados de manufatura.
- Definir compromissos contratuais para controle de produção.
- Desenvolver cronogramas para cumprir os compromissos contratuais da maneira mais econômica.

- Estabelecer e liberar a manufatura e recursos relacionados e os valores admissíveis de financiamento.
- Aprovar e monitorar cronogramas de controle de produção.
- Estabelecer prioridades do projeto na manufatura.
- Aprovar, antes da implementação, todas as mudanças de produto iniciadas pela manufatura.
- Aprovar instruções de embalagem e expedição com base no tipo de transporte a ser usado e o cronograma de entrega.

Compra e subcontratação

- Garantir que a compra e subcontratação cumpram suas responsabilidades para obter a entrega de materiais, equipamentos, documentos e serviços dentro do prazo e dentro do custo estimado para o projeto.
- Aprovar decisões de "compra ou produção" para o projeto.
- Definir compromissos contratuais para aquisição e subcontratação.
- Estabelecer e liberar os valores admissíveis de financiamento de aquisição.
- Aprovar e monitorar os principais pedidos de compra e subcontratos.
- Especificar os requisitos de planejamento, programação e elaboração de relatórios para pedidos grandes de compra e subcontratos.

Instalação, Construção, Teste, e Outras Operações de Campo

- Assegurar que as operações de instalação e de campo cumpram suas responsabilidades para a entrega no prazo para o cliente de materiais, equipamentos e documentos dentro das estimativas de custo para o projeto.
- Definir compromissos contratuais para instalação e operações de campo.
- Em cooperação com as operações de instalação e de campo, definir e estabelecer cronogramas e orçamentos para todo o trabalho de campo. Depois de acordado, liberar os valores

admissíveis de financiamento e monitorar o progresso em cada tarefa em relação ao projeto global.

- Coordenar todos os problemas de desempenho e cronograma com a engenharia, manufatura, e compra e subcontratação.
- Com exceção de contatos de clientes relacionados a questões operacionais diárias, atuar como interface com o cliente para departamentos de operações de instalação e de campo.

Financeiro: Além dos aspectos financeiros das funções de planejamento e controle do projeto:

- Auxiliar na cobrança de contas a receber relacionadas ao projeto.
- Aprovar os preços de todos os pedidos e propostas de alteração ao cliente que afetem o projeto.

Encerramento do Projeto

- Garantir que sejam tomadas todas as medidas necessárias para apresentar adequadamente ao cliente todos os itens finais do projeto para aceitação, e que as atividades do projeto sejam concluídas de forma eficiente.
- Assegurar que o plano de aceitação e o cronograma cumpram os requisitos contratuais do cliente.
- Auxiliar os departamentos jurídico, de administração de contratos, marketing ou comercial na preparação de um plano de encerramento e fechamento necessário de dados.
- Obter e aprovar os planos de encerramento do projeto de cada departamento envolvido.
- Monitorar as atividades de fechamento, incluindo a disposição de materiais excedentes.
- Notificar os departamentos funcionais e de finanças da conclusão de atividades, de tarefas e do projeto.
- Monitorar o pagamento do cliente até que todas as cobranças tenham sido feitas.

REFERÊNCIAS

Para fazer o download da maioria das referências citadas neste livro - organizadas por capítulo - vá até www.LeadingandManagingInnovation.com

APM, **Directing Change: A guide to governance of project management,** 2004. http://www.apm.org.uk/DirectingChange

Association for Project Management/APM, **APM Body of Knowledge**, 6th ed., 2012 http://www.apm.org.uk/knowledge

Archibald, Russell D., and Richard L. Villoria, **Network-Based Management Systems (PERT/CPM),** New York: John Wiley & Sons, 1967.

Archibald, Russell D., **Managing High-Technology Programs and Projects**, 3rd ed. New York: John Wiley & Sons, 2003.

__________, "What CEOs Must Demand to Compete and Collaborate in 2005: Unleashing the Power of Project Management in the Internet Age," 2002 Project Management Conference & Expo, Houston, TX USA, May 11, 2002. Available at http://russarchibald.com/recent-papers-presentations/strategic-enterprise/ceos-to-compete-coll-2005/

__________, "The Purposes and Methods of Practical Project Categorization," International Project/Program Management Workshop 5, ESC Lille - Lille Graduate School of Management , Lille, France. August 22 to 26, 2005, modified May 28 2007. Available at http://russarchibald.com/recent-papers-presentations/categorizing-projects/ .

___________, "A Global System for Categorizing Projects," **Project Perspectives 2013,** pp. 4-11, Vol. XXXV, International Project Management Association. Download at http://russarchibald.com/recent-papers-presentations/categorizing-projects/global-system-categorizing-proj/

also available at http://ipma.ch/resources/ipma-publications/project-perspectives/.

Archibald, Russell, Ivano Di Filippo, and Daniele Di Filippo, "The Six Phase Comprehensive Project Life Cycle Model Includes the Project Incubation-Feasibility Phase and the Post-Project Evaluation Phase," December 2012 issue of PM World Journal. Available at http://pmworldjournal.net/?article=the-six-phase-comprehensive-project-life-cycle-model-including-the-project-incubationfeasibility-phase-and-the-post-project-evaluation-phase-2 .

Butler, James, **Project** magazine, Nov/Dec 2010, p. 30, Association for Project Management, Buckinghamshire, UK. www.apm.org.uk .

Combe, Margaret W., and Gregory D. Githens, "Managing Popcorn Priorities: How Portfolios and Programs Align Projects With Strategies." *Proceedings of the PMI 1999 Seminars and Symposium,* Philadelphia, PA. Newtown Square, PA: Project Management Institute, October 10-16, 1999.

Crawford, Lynn, J. Brian Hobbs, and J. Rodney Turner, ***Project Categorization Systems: Aligning Capability with Strategy for Better Results***, Newtown Square, PA: Project Management Institute, 2001. ISBN 1-930699-3-87. 171 pp.

Debourse, Jean-Pierre, and Russell D. Archibald, **Project Managers as Senior Executives,** Newtown Square, PA: The Project Management Institute. 2011. https://www.pmi.org/Knowledge-Center/Research-Completed-Research/Project-Managers-as-Senior-Executives-Volume-I.aspx

Dye, Lowell D., and James S. Pennypacker, "Project Portfolio Managing and Managing Multiple Projects: Two Sides of the Same Coin?" *Proceedings of the 2000 PMI Seminars & Symposium,* Newtown Square, PA: Project Management Institute.

__________ Eds, **Project Portfolio Management – Selecting and Prioritizing Projects for Competitive Advantage.** 316 W. Barnard St., West Chester, PA: Center for Business Practices. 1999.

Fern, Edward, "Strategic Categorization of Projects," 2004. Available at
http://www.time-to-profit.com/TTPcategories.asp

Gladwell, Malcolm, "Creation Myth – Xerox PARC, Apple, and the truth about Innovation," The New Yorker Magazine, May 16, 2011. Download at
http://www.newyorker.com/reporting/2011/05/16/110516fa_fact_gladwell#ixzz28unWSiHkhttp://www.newyorker.com/services/referral?messageKey=901596c53f48c1c55c6d6844a897ee08

Global Alliance for Project Performance Standards (GAPPS) www.globalpmstandards.org

Hamel, Gary & C. K. Prahalad, "Strategic Intent," Harvard Business Review, May-June 1989.
ISO 21500 Guidance on Project Management, 2012, available at http://www.iso.org/iso/home/store/catalogue_tc/catalogue_detail.htm?csnumber=50003 .

Knutson, Joan, "Project Office: An Evolutionary Implementation Plan," *Proceedings of the 30th Annual Project Management Institute 1999 Seminars & Symposium Oct. 10-16, 1999.* Newtown Square, PA: The Project Management Institute.

Liberzon, Vladimir, and Russell D. Archibald, "From Russia with Love: Truly Integrated Project Scope, Schedule, Resource and Risk Information," PMI World Congress – The Hague, May 24-26 2003. Available at http://russarchibald.com/recent-papers-presentations/integrated-pm-control/

Liberzon, Vladimir, and Victoria Shavyrino, "Methods and Tools of Success Driven Project Management," **Project Perspectives 2013**, pp. 32-37, Vol. XXXV, International Project Management Association. Available at http://ipma.ch/resources/ipma-publications/project-perspectives/

McMahon, Patricia, and Ellen Busse, "Surviving the Rise and Fall of a Project Management Office," Proceedings of the Project Management Institute Annual Seminars & Symposium, Nov. 1-10, 2001, Nashville, TN. Newtown Square, PA: The Project Management Institute.

NASA Academy of Program/Project and Engineering Leadership, http://www.nasa.gov/offices/oce/appel/home/index.html

Naughton, Ed., and Dr. Donnacha Kavanagh, "Innovation and Project Management," Institute Project Management Ireland, 2009. Available at http://www.projectmanagement.ie/images/assets/pdf/innovation.pdf

Pfeiffer, Peter, "Environmental Project Management in Brazilian Municipalities. Experiences of a Brazil-Germany Technical Cooperation Project", PMI GovSig Magazine, Oct. 2004, p 10.

PM Solutions, "The State of the PMO 2012." http://www.pmsolutions.com/insights/research/

PMI (available at http://www.pmi.org/PMBOK-Guide-and-Standards/Standards-Library-of-PMI-Global-Standards.aspx):

A. A Guide to the Project Management Body of Knowledge (PMBOK® Guide), 5th Ed, 2012.
B. **The Standard for Program Management,** 3rd Ed, 2013.
C. **The Standard for Portfolio Management,** 3rd Ed, 2013.

PMI **PM Network**. Vol. 24, no. 12 (Dec. 2010), p. [26]-31.

PMI "2012 Pulse of the Profession Portfolio Management Report," **PM Network**, June 2012, pp 14.

Prieto, Bob, **Strategic Program Management,** 2008. Construction Management Association of America, McLean, VA USA.

Prieto, Bob, "Systemic Innovation and the Role of Program Management as an Enabler in the Engineering & Construction Industry." ***PM World Today,*** February 2011 (Vol XIII, Issue II).

Ray, Michael, and Rochelle Myers, **Creativity in Business,** NY: Broadway Books, 1989.

Shenhar, Aaron J., James J. Renier, and R. Max Wideman, "Project Management: From Genesis to Content to Classification, INFORMS Conference, Washington, DC. May, 1996. Available at http://www.maxwideman.com/papers/genesis/background.htm .

Shenhar, Aaron J. and Dov Dvir, ***Reinventing Project Management: The Diamond Approach to Successful Growth and Innovation,*** Harvard Business School Press, 2007.

Shenhar, Aaron J., "What's the Next Generation of Project Management," *PMI Global Congress 2012 North America,* Session # RES01, Vancouver BC, Canada, October 20-23, 2012.

Taylor, John E. and Raymond Levitt, "Modeling Systemic Innovation in Design and Construction Networks," Center for Integrated Facility Engineering;, CIFE Technical Report # 163. Stanford University, October 2005.

Thiry, Michel, **Program Management,** Gower, 2010.

Tikkanen, Henrikki, Jaakko Kujala, and Karlos Artto, "The marketing strategy of a project-based firm: The Four Portfolios Framework," Industrial Marketing Management 36 (2007) 194–205.

United Kingdom Government, Best Management Portfolio available at
http://webarchive.nationalarchives.gov.uk/20110822131357/http:/www.cabinetoffice.gov.uk/resource-library/best-management-practice-bmp-portfolio

- **Projects IN Controlled Environments (PRINCE2®)** – for project management
- **Managing Successful Programmes (MSP®)** – for programme management
- **Management of Risk (M_o_R®)** – for risk management
- **IT Service Management (ITIL®)** – for IT service management
- **Management of Portfolios (MoP™)** – for portfolio management
- **Management of Value (MoV™)** – for value management
- **Portfolio, Programme and Project Offices (P3O®)**
- **Portfolio, programme and project management maturity model (P3M3®)**

United States Government, **Federal Acquisition Certification for Program and Project Managers (FAC-P/PM),** http://www.fai.gov/drupal/certification/program-and-project-managers-fac-ppm

---

Sobre os Autores

RUSSELL D. ARCHIBALD,
PhD (Hon), MSc-ME, BSc-ME
Founding Member & Fellow, PMI; PMP
Honorary Fellow, APM/IPMA
Chairman Emeritus, Archibald Associates llc

Autor mundialmente reconhecido, consultor e conferencista sobre GP, com uma carreira de mais de 65 anos, Russ tem ampla experiência internacional em gerenciamento de engenharia, operações, programas e projetos como Consultor de Gerenciamento (Archibald Associates, Booz-Allen-Hamilton, Sistemas CPM , Inc.), Corporate Executive (Bendix, ITT) e Militar / Aeroespacial (USAF Senior Pilot, Hughes Aircraft, Aerojet-Geral). Ele foi consultor de uma grande variedade de grandes e pequenas organizações em muitas indústrias em todo o mundo. Russ é um Profissional de Gerenciamento de Projetos (PMP) certificado e membro do Instituto de Gerenciamento de Projetos (PMI ®) (membro n º 6, um dos cinco membros do conselho diretor e fundadores originais), um membro honorário da Associação de Gestão de Projetos (APM) no Reino Unido, e está listado no Who's Who in the World (1985). Ele é o autor de **Managing High Technology Programs** (Gerenciando Projetos e Programas de Alta Tecnologia) (3ª edição, Wiley 2003) (publicado em quatro línguas), coautor de **Network Based Management Information Systems (PERT/CPM)** (1967), e autor de 12 capítulos em 9 livros editados por outros. Russ apresentou 70 ensaios ao longo dos anos no PMI, na Associação Internacional de Gerenciamento de Projetos (IPMA), e outras conferências na América do Sul e do Norte, Europa e Ásia, e é amplamente publicado em periódicos sobre gerenciamento profissional de projetos. Ele possui um bacharelado em Ciências (Universidade do Missouri 1948) e Mestrado (Universidade do Texas, Austin 1956) em Engenharia Mecânica. Como um pioneiro no campo, Russ recebeu um Ph.D. honorário em gerenciamento de estratégia, programa, e projetos da Ecole Superieure de Commerce de Lille (ESC-Lille), na França em 2005, e recebeu o **Prêmio Jim O'Brien Lifetime Achievement** da faculdade PMI de programação,em 2006. Website pessoal: www.russarchibald.com, e pode ser contatado no Russ@ArchibaldAssociates.com .

SHANE C. ARCHIBALD, BSc

Managing Principal princípios, Archibald Associates llc

A Archibald Associates é uma empresa de consultoria com sede no Estado de Washington, EUA, especializada em gerenciamento de projetos e programas, e controla processos e sistemas.

Shane possui 20 anos de experiência no desenvolvimento e na implementação de processos e sistemas de gerenciamento de projetos integrados e avançados e em projetos e programas complexos e de grande porte em várias indústrias e agências governamentais. Mais recentemente, ele implementou a primeira fase dos aplicativos e procedimentos do Projeto de Controles para uma grande corporação internacional design de fabricação e instalação de equipamentos pesados, incluindo processos avançados de planejamento, programação, gestão de custos, gestão de contratos, gestão de mudanças, e gestão de riscos. Anteriormente, Shane:

- Desenvolveu e documentou as políticas de planejamento e controle de projetos, processos e procedimentos para um portfólio de engenharia de construção e transporte de mais de 10 bilhões, dentro de um dos 50 Estados Americanos, e geriu o esforço de programação para esse portfólio. Forneceu sua expertise no assunto para uma Implementação de um sistema estadual de Controles.
- Gerenciou o Departamento de Controles de Projeto para o programa de construção e de Engenharia Terminal das balsas do Estado de Washington, avaliado em mais de 1 bilhão.
- Gerenciou o esforço de programação em um projeto de atualização de sistemas de telecomunicação de âmbito nacional, avaliado em mais de 4 bilhões.
- Gerenciou o processo de desenvolvimento de um conjunto de produtos corporativos globais baseados na Web (transporte, preços e logística.)
- Implementou vários esforços de integração e softwares de controle e gerenciamento de projetos, incluindo muitas gerações dos sistemas Oracle Primavera.

Shane pode ser contatado através do Shane@ArchibaldAssociates.com
Confira também oArchibaldAssociates.com

www.ingramcontent.com/pod-product-compliance
Lightning Source LLC
Chambersburg PA
CBHW021601210326
41599CB00010B/548
9788566491104